"立德树人"视域下大学校园文化建设发展研究

陆媛 张邵希 著

吉林大学出版社

·长春·

图书在版编目（CIP）数据

"立德树人"视域下大学校园文化建设发展研究 /
陆媛，张邵希著 . — 长春 : 吉林大学出版社 , 2023.3
ISBN 978-7-5768-1555-9

Ⅰ . ①立… Ⅱ . ①陆… ②张… Ⅲ . ①高等学校 – 校
园文化 – 建设 – 研究 – 中国 Ⅳ . ① G647

中国国家版本馆 CIP 数据核字 (2023) 第 051989 号

书　　名　"立德树人"视域下大学校园文化建设发展研究
　　　　　"LIDE SHUREN" SHIYU XIA DAXUE XIAOYUAN WENHUA JIANSHE FAZHAN YANJIU

作　　者　陆　媛　张邵希
策划编辑　矫　正
责任编辑　矫　正
责任校对　王寒冰
装帧设计　久利图文
出版发行　吉林大学出版社
社　　址　长春市人民大街 4059 号
邮政编码　130021
发行电话　0431–89580028/29/21
网　　址　http://www.jlup.com.cn
电子邮箱　jldxcbs@sina.com
印　　刷　天津和萱印刷有限公司
开　　本　787mm×1092mm　　1/16
印　　张　12
字　　数　200 千字
版　　次　2023 年 3 月　　　第 1 版
印　　次　2023 年 3 月　　　第 1 次
书　　号　ISBN 978-7-5768-1555-9
定　　价　68.00 元

前　言

党的十八大以来，习近平总书记高度重视文化发展，提出了新的时代课题。"文化是一个国家、一个民族的灵魂。文化兴国运兴，文化强民族强。没有高度的文化自信，没有文化的繁荣兴盛，就没有中华民族伟大复兴。"①进入新时代，随着改革开放以及互联网的发展，各种意识形态、思想文化碰撞交流。文化成为一个国家综合国力竞争的重要标志，文化软实力成为国家经济发展水平和文明程度的重要标志，是国际综合竞争力的重要体现。大学校园文化作为中国特色社会主义先进文化的重要组成部分，在传承大学精神、实现立德树人目标上承担着重要职责。2018 年，习近平在全国教育大会上提出，要把"立德树人"融入教育各环节，贯穿教育各领域，培养德智体美劳全面发展的社会主义建设者和接班人。高校应牢牢抓住立德树人的关键，落实立德树人根本任务，利用先进校园文化引导和帮助学生把握好人生方向，扣好人生的第一粒扣子。高校要将立德树人作为教育的旗帜，在政治方向和价值观念上严格遵循党的教育大政方针，秉持学校的立校文化与育人目标，不断加强德育研究，推进素质教育，培养全面发展的社会主义建设者和接班人，开启校园文化建设发展的新篇章。

人无德不立，育人的根本在于立德。真正做到以文化人、以德育人，做到"明大德、守公德、严私德"②；所谓树人，即"培养德智体美劳全面发展的社会主义建设者和接班人"③。党的十八大以来，习近平多次强调立

---

① 习近平. 决胜全面建成小康社会 夺取新时代中国特色社会主义伟大胜利——在中国共产党第十九次全国人民代表大会上的报告 [N]. 人民日报，2017-10-18.
② 习近平. 习近平谈治国理政 [M]. 北京：外文出版社，2014：173.
③ 习近平. 坚持中国特色社会主义教育发展道路 培养德智体美劳全面发展的社会主义建设者和接班人 [N]. 人民日报，2018-09-11.

德树人的重要性。在 2018 年 9 月召开的全国教育大会上，习近平提出立德树人是人才培养的根本任务，同时进一步强调了立德树人的落实机制，此外也指出深化教育体制改革的重要性。

目前，我国高等教育已经完成了以规模扩张为主的发展阶段。当前和今后一个时期我国高等教育发展、改革的主要任务就是进一步促进以外延增长为主向以内涵发展为主转变，提高办学质量，凝练办学特色。要实现这种转变，校园文化建设必须参与其中，用悠久传统文化和中国特色社会主义先进文化进行校园文化建设，主动适应变革需要。由于我国高等教育规模庞大，类型多样，且层次不一，其变革的具体内容也就千差万别。因此，我国高等教育的转型和变革，必然要求大学校园文化也要进行相应的转型与变革，而且高等教育转型与变革的千差万别也必然带来大学校园文化转型与变革的千差万别。这就给大学校园文化理论研究提出了严峻的挑战。

新时代，我国大学校园文化发展很快，目前，无论是研究型大学，还是研究与教学并重的一般普通大学，以及以教学为主的地方本科大学和高职院校，都在积极主动地全方位地进行校园文化建设。但是客观地说，除少部分院校的校园文化品位较高、特色比较鲜明外，相当一部分大学校园文化建设的层次不高，没有规划，没有积淀，没有特色。那么如何把我国大学校园文化建设引向深入？仅仅有对大学校园文化建设重要性的正确认知和建设大学校园文化的热情是不够的，必须要有校园文化建设理论的指导。目前，各大高校校园文化建设已由表层的校园活动上升到全方位、立体化的校园文化建设，这种新发展趋势必然需要更加全面系统的大学校园文化建设基本理论进行指导。否则，零星的、单方面的大学校园文化理论，是难以适应大学校园文化全方位发展需要的。

基于此，本书以“立德树人”为视角，旨在通过对大学校园文化建设发展的研究，构建大学校园文化建设体系，为大学人才培养探寻一条创新路径，为大学校园文化建设和思想政治教育工作提供一定的理论参考。但由于笔者能力与水平有限，书中有许多不足之处，仍需在以后的工作中不断学习、精进和持续研究，为大学校园文化育人工作尽自己的一点绵薄之力。

本书以“立德树人”的概念界定为起点，阐述“立德树人”的主要内容和价值意蕴，明确立德树人与校园文化建设发展的关系；立足大学校园文化的内涵，分析大学校园文化的特征与功能，着重阐述大学校园文化建设发展的动力；进而阐述了大学校园文化建设发展的理论基础，做到有据可依，并为后续问题的进一步研究奠定了坚实的理论基础；深入剖析大学校园文化建设取得的成就、存在的问题及原因；在此基础上，提出"立德树人"视域下大学校园文化建设发展的目标和基本内容；根据数据分析，有针对性地提出了大学校园文化"立德树人"的方法和路径，努力解决大学校园文化建设发展存在的问题；最后以构建大学校园文化建设发展的"立德树人"载体与机制来保障大学校园文化建设的有序开展与持续发展。其中陆媛撰写了第一章至第六章，张邵希撰写了第七章。

本书围绕"立德树人"视域下大学校园文化建设发展的研究，从提出问题到分析问题，再到探寻问题的解决办法和构建保障其持续发展的机制，尝试对大学校园文化建设发展进行理论创新，旨在进一步促进大学文化建设向纵深发展，促进人才培养。

目　　录

"立德树人"视域下大学校园文化建设发展研究

第一章 "立德树人"的主要内容与价值意蕴

　　党的十八大指出："教育的根本任务是立德树人。"[①] 随后教育部党组印发《关于教育系统认真学习贯彻党的十八大精神的通知》，其中明确指出"大学要落实立德树人的根本任务，坚持育人为本，德育为先，全面实施素质教育"[②]。2014 年 3 月，教育部印发《关于全面深化课程改革落实立德树人根本任务的意见》，"立德树人"的重要价值意义在该意见中得到了明确规定，并将其设为中国特色社会主义教育事业发展的核心，也是实现学生自身全面发展的重要要求。21 世纪以来，课程改革不断推动着教育体系的深化，使我国的教育既满足时代性又具有规律性。作为教育的根本任务，"立德树人"有力推动着育人方式的不断变革，使我国在提高育人水平的同时也能提升国民素质，对人力资源强国的建设和提升教育发展的前瞻性与人才培养的时代性具有重大价值。大学校园文化是中国特色社会主义先进文化的重要组成部分，在传承大学精神、实现立德树人目标方面承担着重要职责。

　　因此，本章以"立德树人"的概念界定为起点，探寻立德树人的历史溯源，重点阐述党的教育方针与立德树人的时代发展，并分析立德树人的理论价值、实践价值和时代价值，明确立德树人与校园文化建设发展的关系，为全书的研究提供理论指导。

[①] 胡锦涛. 坚定不移沿着中国特色社会主义道路前进 为全面建成小康社会而奋斗——在中国共产党第十八次全国代表大会上的报告 [M]. 北京：人民出版社，2012：35.

[②] 教育部. 中共教育部党组关于教育系统认真学习贯彻党的十八大精神的通知 [J]. 中国高等教育，2012（04）：23.

一、"立德树人"的主要内容

（一）立德树人概念界定

立德中的"德"是指个体高尚的思想品德与良好的自我修养；树人，就是培养全面发展、个性优长的高素质的人才。道德养成是立德的重要途径，能力培养是"树人"的目标指向；"立德"为"树人"之本，"树人"为"立德"之标，二者之间是辩证统一关系。立德树人的基本概念分为"立德"和"树人"两个方面，首要的是理清"德"与"人"之间的关系，基于我国国情与育人导向，立德树人，培育的是中国人，中华民族几千年悠久的优秀传统文化构成了魂之底色、育之方式和精神支撑。

立德树人是一种综合化的路径培养模式，是在人才的培养和完善过程中体现出来的一种综合的价值输出，其核心内容是先立德，注重自我的品德修养、道德模范，并融入综合素养中去，才能树出完整的人。其中的"德"是核心，其含义是丰富多元的，要树立坚定的共产主义理想信念的高尚之德，还要有关心团队和集体的大局之德，公平、公正、廉明的正义之德，保持正确行为言行的规范之德，以及个体自育与他育过程中养成的一切美好而崇高的品德素养，这些都是立德一词中"德"的范畴。

习近平提出，所谓立德，即立大德、功德、私德，要求"明大德、守公德、严私德"[①]；所谓树人，即"培养德智体美劳全面发展的社会主义建设者和接班人"[②]。其核心是要围绕、关照以及服务学生成长与发展，坚持以学生思想水平、文化素养、道德品质、政治觉悟的提升为导向，让学生成为全面发展而又德才兼备的优秀人才。这正是从立德树人的根本任务角度出发上给出的明确界定，立德树人事业确实是百年大计，关乎国家未来发展与民族复兴伟业，是我国教育要务，符合我国国情发展需求。

（二）关于立德树人的历史溯源

立德树人的思想伴随着中华文明的历史发展，没有一个民族能像中华

---

① 习近平. 在北京大学师生座谈会上的讲话 [N]. 人民日报，2018-05-03.

② 习近平. 坚持中国特色社会主义教育发展道路 培养德智体美劳全面发展的社会主义建设者和接班人 [N]. 人民日报，2018-09-11.

民族那样从治国到修身都如此重视道德，早在春秋战国时期，老子在《道德经》中就说道："道生之，德蓄之，物形之，势成之。"作为道家的代表人物，老子穷毕生之力，思考"道"与"德"的奥义与关系，他将"德"的思考提升到宇宙之内万物没有不尊重道而重视德的最崇高的程度，这是一种基于德治天下的伟大哲学思想，同时把"道之尊，德之贵，夫莫之命而常自然"（《道德经》）融入人生之路的开端和始终。

墨子云："才为德之资德为才之帅"，这句话清晰地告诉我们，没有德而有才，等于没有才，只要有德，才有用武之地——"德器深厚，所就必大，德器浅薄，虽成亦小"。从墨子的言论可知在先秦时期，人们在著书立说时就有了清晰的认知，"德器深厚，所就必大"这种认知已经相当成熟，并得到了主流社会的认同。同样是在先秦时期，在诸子百家的争鸣中，古人对于立德有了高度的统一，这种统一可以一直追溯到先秦时期的大量著作中，即使在战乱纷飞时人们仍然渴求立德。

"太上有立德，其次有立功，其次有立言；虽久不废，此之谓之不朽。"（《左传·襄公二十四年》）其意在于立德是为人一生的重要之处。立德被古人放在第一位，而后才会追求立功和立言。显然，作为先秦时期德育思想的顶层设计，立德被置于功和言之上。"德、功、言"三者是人们所追求的目标，这三点都具有崇高的人生价值，独立于德之下，又与德形成了意识形态的高度统一，因此从政治家到地方官员、文士均把立德放在首位。先秦时期大一统国家的形成在政治力和治国安邦上仰仗的就是这种立德为先的思想。自然在先秦的教育体系中，把培养"德"放在教育的至高无上的地位，统治者认为如果人缺少道德操守，那么即便有天大的功劳也等于没有，再高明深奥的言论也是无养之水。因此先秦时期的统治者在选贤任能的过程中，把德才兼备、以德为先作为当时全社会重要的衡量标准。这种思想对于当时社会文明的发展、确定儒法道的地位，并在教育中尊崇儒家思想，成为教育中比较系统和完整的教育价值标准体系。

在孔子的教育思想中，可以看到"德"在培养"从政的君子"中发挥的作用，孔子为统治者所安邦的思想建立在其为君臣的理想中，在孔子的著作中可以广泛地看到关于德的描述，正所谓"君子怀德"，孔子在《周易》的完善中也以"厚德载物"突出了大自然以德为地的儒家正统思想。

他以"子以四教：文、行、忠、信。"（《论语·述而》）突出了其在德育思想中的地位。作为我国早期教育历史上德育思想的集大成者，孔子所谓的"行"，应该理解为德行，它包括了人的一切道德活动和道德行为；而"忠"，则表现为忠正诚实，甚至舍己为人，并进而将其表述为对国家的绝对忠诚，对君主的绝对忠诚；"信"强调的是诚实，不欺诈，不欺骗，要求人务必讲求个人信用，信守承诺；"文"不仅指文献知识，也包括为人处世方面的礼仪、道德知识等。因此，在孔子的教育中，德育为首，缺乏道德素养的弟子是不被孔子所认同的，这也是中华文明重教重礼的关键，书生是礼数的象征，读书人不仅懂文化知识的学习，也必须是道德的制高点，同时为天下服务的思想绵延其后。

孟子对于孔子的思想的继承作用很大，主要的德育观有"寡欲养气""反求诸己""改过迁善""以友辅仁"。该观念在实践中形成，所以学习孟子的思想关键是要认知到其人性善的思想，同时把思想的教育提到了一定的高度，突显公民道德教育的重要性、主体性；这也是统治者所乐见的民教思想。而今天仍然有借鉴孟子的道德教化思想的价值，孟子的德育思想彰显了公民道德教育的重要性，在当时的教育中，主要将孟子的思想作为参照来强化道德教育的实践性。

在当前的教育中对照孟子的道德范畴及思想，可能对于时代来说有些牵强，但对于认识中华德育思想的演变和完善是有着重要的史学价值和意义，有助于增强青少年道德教育的针对性；所以在教育思想的学习和形成中，要深入了解孟子的道德修养思想，提高现代道德教育的实效性和价值输出。

在中华优秀传统文化中，中国儒家思想成为德育的统帅，在它的经典书籍《四书》的《大学》这一典籍里，开篇明确讲述了"明明德"，即发扬优良品德，因此德育在教育中的地位非同小可。而在《管子·权修》中就有这样的记载："一年之计，莫如树谷；十年之计，莫如树木；终身之计，莫如树人。"这可以说是最早期儒家学说中关于立德树人的精辟描述。

近现代国民教育体系中关于立德树人的思想，要从五四新文化运动开始，这种思想里面就有了对立德树人思想实质上的呼唤，虽然当时没有涉及到立德树人思想的表述，但对这种思想的呼唤是显而易见的。

严复作为传播自由的主力，在《原强》一文中首倡"鼓民力、开民智、新民德"[1]，学西洋之意在于富强国度，所以提出了"以自由为体，以民主为用"的深刻命题，认为国家的自由需要每一位公民素质的提升。这也可以说是近现代德育思想的启蒙。

随后梁启超指出了培养学生的权利思想是教育的主要目标。换言之，教育要使国民具备公民人格，享有人权，并能自动、自主、自治、自立等，为"新民为今日中国第一急务"[2]。这也是其被称为"新民说"的启蒙者之一的依据。

而共产党人陈独秀也曾明示了个体个性的价值确认和呼唤。为此，他主张建立"唯民国家"，认为民族发展的方向是要实现民主。[3]而胡适是公民权利与公民参与思想的代表人物，他指出中国在文化与制度上的改变至关重要，其中就涵盖了教育制度的改良。立足于宪政和法治进而去理解公民的生活，使胡适得以从人类文明的高度上观察和审视当时社会存在的问题并作出分析，所以在当时的德育思想的形成中，德育思想的依托是宪政。

此外，鲁迅提出的立人与立国思想是以"人"来贯通的，他提出"以人为中心"，关注人在社会背景下的地位和处境。鲁迅的一生都在通过"立人"思想实现民众启蒙，而这是立德思想的集中表达，他坚持的教育思想就是极为看重人的精神独立与自由，以及独立人格。同时鲁迅把"立人"与中国进步结合起来，他说："唯有民魂是值得宝贵的，惟有他发扬起来，中国才有真进步。"[4]

而作为公民公德教育的代表人物蔡元培先生，在中国经历了近现代一系列的列强侵略与掠夺后，深深感到整个民族即将面临亡国灭种危机的命运预警，蔡元培先生深刻反思了晚清时期种种"忠君""媚上""尊孔"思想给国家带来的危害，提出了具有时代特色的新的德育思想，并将之作为为未来国家培养良民的重要的新战略，提出："自由、平等、亲爱。道

---

① 转引自张永新. 简论严复"鼓民力、开民智、新民德"的教育观 [J]. 教育评论, 1997（01）：54-55.

② 转引自侯蓝烟. 梁启超群治文学观研究 [D]. 太原：山西大学, 2015.

③ 转引自闾小波. 何以安民：现代国家"根本性议程"的赓续与创制——以王韬、李大钊和毛泽东为中心的讨论 [J]. 文史哲, 2020（02）：5-20.

④ 转引自唐先田. 不灭的民族之魂 [J]. 安徽大学学报（哲学社会科学版），1981（04）：51-55.

德之要旨，尽于是矣。"①其思想虽源于西方，但也有中国化的成分，为现代德育建设奠定了基础。

还有乡村教育运动领导者陶行知先生，将"使全中国人都受到教育"②设为目标，陶行知先生率先践行自己的教育观，行胜于言，着力倡导了六项大的教育运动，在这些运动中陶行知先生建立并实践着他的"生活教育"的理论。陶先生明确提出了提出"教学做、智仁勇、知情意、教育与训育合一"③，这是一种崭新的人才培养观，这种观念把"求真"和"做真人"作为明确的育人目标并付诸实践，这和现如今的"把学生培养成为合格公民"的基本理念是非常切合的。

而现代德育教育理念既有中华传统的德育观，也有近代教育家、思想家的教育理想，但更重要的是社会主义教育观对中小学生德育的积极影响、促进和教育。但长期以来，我国的德育沿用的是"大教育"方针，即上下统一，特别是基层的学校在落实机制、理论研究、课程开发、地方特色上变化不多，与真正意义上的德育体系化、实践化、属地化相比仍然有很大的差距。

（三）党的教育方针与立德树人的发展探寻

1949 年中华人民共和国成立之后，我国的教育面临的首要问题是培养什么样的人。因为新中国刚刚成立，百废待兴，需要大量的人才加入国家建设。在新中国成立前夕，《中国人民政治协商会议共同纲领》经全国政协会议审议通过，其中提出："中华人民共和国的文化教育为新民主主义的，即民族的、科学的、大众的文化教育。"④

1949 年 12 月，教育部召开了首次全国教育工作会议，在会议上，正式提出："为人民服务，首先为工农兵服务，为当前的革命斗争与建设服务。"⑤这个教育目的正是为了贯彻这一方针。

---

① 转引自李玉胜. 为了教育的自由——蔡元培教育理念和实践透析 [J]. 开封大学学报，2012（04）：16-20.

② 转引自张志刚. 陶行知生活教育理论对基础教育改革的启示 [J]. 文理导航，2011（12）：42.

③ 转引自管霞. 陶行知美育思想研究 [D]. 重庆：西南大学，2016.

④ 中共中央文献研究室、中央档案馆编. 建国以来周恩来文稿（第一册）（一九四九年六月——一九四九年十二月）[M]. 北京：中央文献出版社，2008：365.

⑤ 中共中央文献研究室编. 建国以来重要文献选编（第一册）[M]. 北京：中央文献出版社，1997：87.

从 1952 年开始，教育领域更具社会主义色彩。1954 年 2 月，周恩来总理在政务会上指出："我们向社会主义、共产主义社会前进，每个人要在德、智、体、美等方面均衡发展。"① 这是"五育"的基础，对于这个概念的提出意义重大。在另一份文件中，也就是《1954 年文化教育工作的方针和任务》再次强调了"中等教育和初等教育，应贯彻全面发展的教育方针，为培养社会主义社会的建设者而奋斗"②。

到了我国完成对农业、工业、商业进行的社会主义改造的 1956 年期间，社会主义建设需要适应实际发展需要的高素质人才，因此具体针对国内学校教育的政策与方针也就随之而产生。

毛泽东同志在《关于正确处理人民内部矛盾的问题》中提出要落实使受教育者在德、智、体方面均能得到发展的教育导向要求。这一政策方针式的要求是马克思主义关于人的全面发展学说在教育实施过程中，与社会主义教育方针的契合，也是社会主义全面建设时期的重要教育方针。党中央、国务院 1958 年对教育提出明确指示："党的教育工作方针，是教育为无产阶级的政治服务，教育与生产劳动相结合；……"③ 新中国成立后，这是中央首次在文件中用"教育政策"这个说法来表述政策，明确要求教育培养有社会主义意识的、受过教育的劳动者，也就是后来的"教育必须为无产阶级政治服务"。此后，人们把这一政策与 1957 年的教育政策融合，成为当时的一项统一政策来付诸实施，在全国范围内实行。

从 1961 年开始，在《教育部直属高等学校工作暂行条例（草案）》中提出新的教育政策并于 1978 年写入《中华人民共和国宪法》，即教育必须为无产阶级政治服务，必须与生产劳动相结合，教育和体育事业得到发展，成为具有社会主义觉悟的受教育者。将教育政策正式纳入宪法更有力地保障了政策的实施。

1978 中国开始改革开放，"以经济建设为中心"，进行社会主义现代化建设。社会的变动要求教育进行全面的改革，人才培养自然也需要根据

① 周恩来选集（下卷）[M]. 北京：人民出版社，1984：129.

② 一九五四年文化教育工作的方针和任务 [J]. 江西政报，1954（12）：3.

③ 中共中央文献研究室编. 建国以来重要文献选编（第十一册）[M]. 北京：中央文献出版社，1994：490.

教育的根本任务进行转变。但是新阶段并不是一蹴而就的，而是进入一个摸索时期，教育领域也进入摸索阶段，也是在这一时期，中国特色社会主义的教育方针也在逐步完善中发展着。

20 纪 80 年代初，中共中央提出：要坚持德、智、体全面发展，又红又专，要通过马克思主义世界观与共产主义道德教育来教化和培育人民和青年；此外，还明确提出将知识分子与工人农民相结合以及脑力与体力劳动相结合的"双结合"。同时《宪法》（1982 年）也明确规定要培养青少年儿童在德智体等方面全面发展。以上政策具有重要的导向作用，帮助教育事业得以恢复，起到了拨乱反正和正本清源的作用，并且使教育事业更好向前发展。

"三个面向"的思想是在 1983 年 9 月由邓小平提出的，这也成为社会主义教育现代化建设的指导思想，并始终影响着此后教育方针的确定。1985 年 5 月印发的《中共中央关于教育体制改革的决定》明确指出：社会主义建设和教育要相辅相成，相互依靠；还将其直接写入了"三个面向"。这一决定的提出标志着在教育领域出现了重要的转折：即由"教育为政治服务"转变为"教育必须为社会主义建设服务"，这个转变成为教育领域的重要里程碑。

20 世纪 90 年代初，教育方针进一步朝着完善和全面的方向发展。党的十三届七中全会于 1990 年 12 月召开，通过了"八五"计划，提出继续贯彻教育必须为社会主义现代化建设服务，必须同生产劳动相结合，培养德、智、体全面发展的建设者和接班人的方针，明确了教育的任务以及教育发展的路径，并且还明示了教育的目的所在。

1993 年印发的《中国教育改革和发展纲要》中再次重申这一方针。1995 年 3 月，第八届全国人大三次会议通过的《中华人民共和国教育法》对此项方针继续执行，但从表述上对文字有了许多重要的修改，例如：增加的"社会主义事业的"表述加在了"建设者和接班人"之前，而原有的"德、智、体"这三者后面，增加了"等方面"的表述，这些表述上的变化从一定程度上显示了国家在教育政策导向、方针认识上进一步走向深化。在这一时期，在教育的根本大法中明确包含了我国的教育目的，这也表明其被赋予了重要的法律意义。

在 1999 年 6 月召开的第三次全国教育工作会议上，新的教育方针首次提出了教育"为人民服务"和"坚持教育与社会实践相结合"。1999 年江泽民在讲话中指出："坚持教育为社会主义、为人民服务，坚持教育与社会实践相结合，以提高国民素质为根本宗旨，以培养学生的创新精神和实践能力为重点，努力造就'有理想、有道德、有文化、有纪律'的，德育、智育、体育、美育等全面发展的社会主义事业建设者和接班人。"①

　　世纪之交，素质教育的理探讨与实践成为热点，新时代为教育带来新内容，新的内容也随之被纳入教育方针之中。1999 年第九届全国人大二次会议上，政府工作报告在人才培养目标中，更具体地提出了"美"的要求。这样，新时期的教育方针里增加了这样的表述："培养德智体美等全面发展的社会主义事业建设者和接班人。"② 2002 年党的十六大提出必须坚持教育为人民服务，为社会主义现代化建设服务，同时也要与生产劳动和社会实践相结合。

　　2007 年，党的十七大召开，胡锦涛提出育人为本、德育为先，同时在新的时代背景下要提高教育现代化水平，全面实施素质教育，再次重申要培养德智体美全面发展的社会主义建设者和接班人。于是，教育方针在时代发展新的浪潮下，也被赋予了新的时代内涵。

　　党的十八大以来，习近平多次强调立德树人的重要性。在 2018 年 9 月 10 日召开的全国教育大会上，习近平提出立德树人是人才培养的根本任务，同时进一步强调了立德树人的落实机制，此外也指出深化教育体制改革的重要性。在习近平发表这些重要论述后，全国各地围绕立德树人理论和实践开展了相关研究，取得了丰硕的成果，对细化落实立德树人根本任务，全面贯彻党的教育方针，发挥了重要的作用。

　　1. 党的历史实践赋予立德树人的使命与责任

　　在长期的实践中，中国共产党十分注重教育立德树人的实现。在新时代，立德树人被确定为"根本任务"。这既继承了党的优秀教育传统，又被赋予了新的时代内涵。

习近平重视学校立德树人工作不是停留在一般性的号召，而是重在真抓实干。他明确要求"各级党政一把手要亲自抓，分管领导要具体抓，要把教育工作摆上党委和政府的重要议事日程，定期研究，建立和完善制度，切实加强领导"①。1991 年 7 月，习近平主持召开福州市委常委会专题研究市中小学德育工作，指出德育主要内容是把思想政治教育作为核心，爱国主义教育作为教育主线，以行为规范训练和养成教育为基础；会议还出台一系列举措，例如成立青少年教育领导小组，德育专项经费列入年度教育经费安排，确定重点建设首批 10 个市级德育基地，等等②。他还多次深入闽江大学、福州师专、福建师范大学等学校现场办公，同师生座谈，以及上讲台作形势与政策报告，真正做到一把手关心、熟悉和研究立德树人工作。2006 年，习近平首次在中央集体学习中提出立德树人是教育的根本任务。党的十八大报告进一步提出立什么德、怎样立德，树什么人，怎样树人等根本问题。2013 年 11 月，习近平在山东考察时指出："国无德不兴，人无德不立。"③2018 年 9 月 10 日召开的全国教育大会上，习近平再次强调"要把立德树人融入思想道德教育、文化知识教育、社会实践教育各环节"④，要深化教育体制改革，"健全立德树人落实机制"⑤。党的十九大报告再次强调："要全面贯彻党的教育方针，落实立德树人根本任务。"⑥

（1）为谁培养人

习近平旗帜鲜明地提出了教育"为谁培养人"的四维内涵，即要"为人民服务、为中国共产党治国理政服务、为巩固和发展中国特色社会主义

① 习近平在我市庆祝教师节暨市优秀教师（教育工作者）表彰大会上强调：振兴福州应把振兴教育放在首位 [N]. 福州晚报，1994-09-09.
② 市委常委会专题研究中小学德育工作 [N]. 福州晚报，1991-07-25.
③ 习近平. 认真贯彻党的十八届三中全会精神汇聚起全面深化改革的强大正能量 [N]. 人民日报，2013-11-29.
④ 习近平. 论党的宣传思想工作 [M]. 北京：中央文献出版社，2020：351.
⑤ 习近平. 习近平谈治国理政（第三卷）[M]. 北京：外文出版社，2020：348.
⑥ 习近平. 决胜全面建成小康社会 夺取新时代中国特色社会主义伟大胜利——在中国共产党第十九次全国代表大会上的报告 [M]. 北京：人民出版社，2017：45.

制度服务、为改革开放和社会主义现代化建设服务"[①]。这从方向上指明立德树人的发展。

首先，立德树人要为人民服务。从理论层面上看，我国一切工作都要以马克思主义作为理论指导，马克思主义学说区别于其他学说的重要特征之一就是指出"只有人民才是创造世界历史的动力"。习近平在多地讲话中都提到"办好人民满意的教育"[②]。因此，在落实立德树人实践过程中，学校要"以学生为中心"，将学生的发展、需求以及满意度作为教育的重要标准，这样才能得到师生对社会主义的认同和拥护。

其次，为治国理政服务是立德树人的工作目标。现如今，世界全球化使国家之间的联系日益密切，在带来巨大经济利益的同时也存在很大弊端，世界各国的思潮逐步涌入国内，尤其是一些负面消极思想也杂糅其中。面对这样的时代背景，教育更要扛起"坚持中国共产党领导"的大旗，坚持中国共产党的核心领导地位，从根本上认识到错误思想的根源在于历史虚无主义。因此，加强对学生开展"四史"（即中国共产党党史、新中国史、改革开放史、社会主义发展史）教育，让学生认识到中国共产党在领导新民主主义革命、社会主义建设过程中的巨大付出和历史贡献，批判历史虚无主义，树立文化自信并坚定信仰。

再次，立德树人要为中国特色社会主义制度的发展和巩固服务。作为人民的选择、历史的选择，中国特色社会主义制度在促进民族发展、维护社会稳定等方面，具有无可替代的优势。

最后，立德树人要为改革开放和社会主义现代化建设服务。当前处于社会主义现代化建设的新时期，同时也是改革开放的深水区。为了储备人才并充分发挥人才优势，立德树人必须将培养为全面深化改革开放服务、为社会主义现代化建设服务的优秀人才作为重大目标，培养出一批无私奉献、责任担当、德才兼备的高素质的时代新人，在中国共产党的领导下，继续深化改革开放，突破瓶颈期，成为建设社会主义现代化的中流砥柱。

（2）培养什么人

党的十九大明确提出教育要培养德智体美劳全面发展的社会主义建设

---

① 习近平. 论党的宣传思想工作 [M]. 北京：中央文献出版社，2020：276.
② 《温家宝谈教育》编辑组编. 温家宝谈教育 [M]. 北京：人民出版社，2014：427.

者和接班人。习近平关于立德树人的重要论述对于解释目前教育普遍关注的"何为德智体美劳全面发展"及"何为社会主义建设者和接班人"这两个问题，有着重要启发意义。

第一，关于德智体美劳全面发展，习近平对此进行做了全面、精辟的解答。首先，德育在人的全面发展中起主导作用。人是社会性的动物，道德是人区别于动物的重要特征，是全面发展的，道德是人全面发展的灵魂。其次，智育是人们认识世界和改造世界的知识和能力。立德树人并不是空喊的口号，需要借助一定的学科知识和专业技能进行培养，否则只能沦为空谈。再次，体育不仅可以增强人的体质，而且能培育人的坚强的意志和高尚的体育道德。正如习近平在2018年出席全国教育大会时指出的那样："要树立健康第一的教育理念，……帮助学生在体育锻炼中享受乐趣、增强体质、健全人格、锤炼意志。"① 除此之外，美育是教育人们感受、理解和评价美的能力。最后，由于生产劳动是人类生活最基本的实践活动，因此劳动教育至关重要，在劳动教育中促进学生的劳动观念、劳动能力、劳动精神。

第二，关于社会主义建设者和接班人，首先一个合格的社会主义建设者和接班人应当是拥有"四个意识"和"四个自信"的人。树牢"四个意识"即"政治意识、大局意识、核心意识、看齐意识"，坚定"四个自信"即中国特色社会主义道路自信、理论自信、制度自信、文化自信。因为，中国在全球化的浪潮中，受到多元思潮的影响，亟需一批从内心认同上社会主义核心价值观、坚定对共同理想的追求，坚持共产主义的信念，信任中国共产党的时代青年，这样才能在激荡的社会思潮中屹立不倒，避免迷失方向。其次，习近平总书记鼓励引导青年学生在对美好生活的追求中，在实现自我价值的过程中，牢记自己肩上担负的社会使命。青年是国家的希望，是未来时代的创造者。在用知识、技能、能力完善自我的同时，也要承担相应的社会责任，自愿投入为建设社会主义而不懈奋斗的洪流中。

（3）怎样培养人

习近平指出做好高校思想政治工作要遵循"三大规律"（即遵循思想

---

① 习近平. 论党的宣传思想工作 [M]. 北京：中央文献出版社，2020：349-350.

政治工作规律，遵循教书育人规律，遵循学生成长规律①），该论述是在新时代背景下对立德树人进行实施的前提性概括，为思想政治教育工作的创新提供可能。

遵循教书育人规律，以增强立德树人的自觉性。"要把立德树人融入思想道德教育、文化知识教育、社会实践教育各环节，教师要围绕这个目标来教，学生要围绕这个目标来学。"思想道德教育并不是理论说教，而是要融合在学科教学、活动等其他课程之中，学校课程也不是单纯的知识教学，要在其中融入社会主义核心价值观的教育。因此，作为学校教育的主体，辅导员、思政课老师以及其他学科课程老师，都应时刻注意将思想道德教育融入教学之中，要避免出现相互割裂的现象，实现二者的有机融合。同时要着力解决好教师教育教学过程中说与做"两张皮"问题，道德品质的实现需要经历知、情、意、行的过程，最终应落脚在实际的道德行为，才能提高思想政治工作的有效性。

遵循学生成长规律，以确保立德树人的针对性。教育是一门科学，学生发展具有阶段性和连续性，思想政治教育需要根据学生的年龄发展阶段，采取恰当的教学策略。同时，21世纪的青少年在时代的影响下呈现思维活跃、独立性强、善于追问、敢于质疑的特点，传统的灌输式教学难以使立德树人发挥效用，因此学校应根据学生个性、特点等因材施教，最终目的是让学生形成对社会主义核心价值观的深层认同，这样才能把立德树人工作落到实处。

2. 关于新时代立德树人重要论述的研究

关于立德树人的重要论述是习近平新时代中国特色社会主义思想的有机组成部分。"全面贯彻党的教育方针，坚持教育为社会主义现代化建设服务，为人民服务，把立德树人作为教育的根本任务，培养德智体美全面发展的社会主义建设者和接班人。"②这一指示在党的十八大上再次被明确提出。

---

① 习近平. 习近平谈治国理政（第二卷）[M]. 北京：外文出版社，2017：378.

② 胡锦涛. 坚定不移沿着中国特色社会主义道路前进 为全面建成小康社会而奋斗——在中国共产党第十八次全国代表大会上的报告[M]. 北京：人民出版社，2012：35.

（1）立德树人重要论述的提出背景

① 基于对学校育人目标的重审

根本任务的落实是立德树人对教育目标的统一，换言之，是对人才培养模式进行重审的过程。长时间来，我国教育实践中主要是通过数据的量化方法对学生的智力培养水平进行考查，教师也常采用一贯性的思维方式，从知识的掌握程度上对评价学生的成长与发展，但从批判性、创新性的思维和意识上来说，对于学生的发展普遍缺乏关注，没有能够真正了解学生的个性特长、内在潜能的培养和发挥。因此在学校育人过程中，不应该将学生的考试分数作为学校的育人目标，更应该关注学生的创造性以及个性发展等方面，这也就要求学校不仅应该转变目标的理念，更应该在评价方式上予以跟进。学生可以通过比赛、测验等来检验自己的知识掌握乃至智力的发展，而学生的创造性、思想品德等较为隐性的内容不能仅仅通过考试这种方式进行考查，还应该参照学生在活动中的表现以及生活中的实际行为等进行评判，以综合性的评价方式对学生展开全方位的评价。此外，学校还应在外在的管理上以隐性和显性的方式，通过文化氛围的熏陶、育人活动的开展对学生进行道德教育，以榜样的力量带动全校的文明发展。因此学校在树立育人目标时，应该坚持智慧与文明并存的原则，为学生的全面发展奠定基础。

② 基于中国特色社会主义人才培养的思考

立德树人的思想自古有之，从先秦时期伊始，我国便强调德行的重要作用，其思想可追溯至古代重教崇德的传统。新时代下立德树人的思想内涵不仅包括中华优秀的传统文化，也包括习近平新时代中国特色社会主义思想，从具体内容上说，重点是树立公而忘私、重言崇德的道德境界，以远大的政治抱负为信仰、培育以爱国主义为核心的民族精神和以改革创新为核心的时代精神，以希冀在新时代下培养德才兼备的新世纪人才，使其具有中国特色社会主义共同理想的远大抱负，勇于担负民族复兴的重任。因此在新时代，以国际视野正确看待各国之间的文化交流与融通，当前的人才培养必须首先立足传统，继而展望世界，只有推陈出新与沟通交融，才能培养出服务于中国特色社会主义建设的优秀的人才。

（2）立德树人重要论述的内涵分析

旨在培养崇高的思想品德，是为立德；培养高素质的人才，是为树人。前者指向的是道德养成，是前提；后者重在能力培养，是目标。立德树人中的"立德"和"树人"二者之间是辩证关系，核心要义是服务于学生全面健康成长，以德为先，以学生为本，培养中国特色社会主义事业合格的建设者和接班人。而习近平关于立德树人的重要论述对教育本质特征的概括是基于价值、目标、任务、过程、结果等维度的高度概括，回答了培养什么人、怎样培养人、为谁培养人这三个教育的根本问题，具有丰富的科学内涵。

① 教育的本质是培养人。立德树人的目的旨在通过"德"以"树人"，而"树人"指向培养人，这无疑与我国教育的本质相契合。习近平曾多次指出教育的根本目的是培养中国特色社会主义事业合格的建设者和接班人，也就是要求所"树"的人能够服务于社会主义事业，能够在党和国家的领导下服务人民，能够为改革开放以及现代化国际交流搭建桥梁。

② 全面促进人的发展是教育的根本目的。立德树人是要求学生在"德"的规划下成为一个完整的人，学生从"自然人"转化为"社会人"。道德层次的提升不仅需要德育的发展，更需要学生在智、体、美、劳等方面的共同发展，教师作为传道授业解惑者，其更重要的价值在于在为学生授业和解惑的过程中传道，用自己的学识、阅历、经验点燃学生的热情并潜移默化地影响学生的行为表现，以培养学生的道德品格。因此，德性成长作为学生全面发展的重要保障，其实现需要教师乃至社会人士、学校乃至社会各方合力促进，这既是教育理论的重大创新，也是学生全面发展目的的实现。

③ 为学生谋幸福始终是教育的根本价值所在。为学生的幸福就是全体学生能够在快乐生活、健康成长的同时获得自身发展必备的社会能力。因此，首先要面向全体学生，实现教育公平，立德树人的论述强调全员性，指出要面向全体学生，使每个孩子都享有更公平的教育，有机会展示自己、奉献社会。其次是学生自身的发展，立德树人中全面发展的指向就是要实现德性成长与提高能力素养。立德树人的提出满足了国家对公民的要求和个体对自身幸福的期盼，使教育的根本价值得到彰显，从理论和实践两个

维度为教育的发展提供了方向指引。

④ "立德树人"的核心内容是德，也是思想、道德和学生个体心理品质的总和，起到的是重要的基础和引领作用。政治思想的概念内涵是社会政治关系的反映，也是与政治息息相关的品格和观念的总和，对学生进行思想政治教育要坚持马克思主义的世界观、人生观和价值观，培养学生形成正确的政治观念，思想引领着人的发展方向，是学生行为的引领，政治思想是方向的引导，指导人的政治行为，只有在思想正确并符合时代潮流的前提下，学生才能自觉践行社会主义核心价值观，展现出符合社会要求的行为规范。因此只有坚持社会主义方向，才能解决好成才的方向性问题，才能保障育德育才的正确价值。

道德是个体敦品立德之基，涵盖着社会生活中人们共同生活的通用规则以及个体行为规范。道德既是教育的内容，也是教育要培养的目标，无德不立。因此，教育首先是"育德"，德的内容主要涵盖中华民族优秀的传统美德、现代的社会主义核心价值观等内容，旨在培养学生在道德的知、情、意、行四个方面的知识技能，使学生形成正确的道德判断和道德责任，形成良好的遵道、守道的社会风气，夯实中国特色社会主义的思想道德基础。

个性心理品质是立德树人的重要内容，是指一个人在兴趣、意志、气质和性格等方面表现出来的心理品质。伴随着科技网络和社会的变迁，就业的方式和渠道也日新月异，社会的快节奏发展也为青年的心理素质带来了较大的挑战。因此，要培养青年学生具备较强的心理素质，能够应对社会中的机遇和挑战，激发学生的内驱力，能够自觉主动的追求人生目标。要增强学生的心理疏导，在社会的冲击下，学生面对着各方的压力，需要及时关注学生的情感变化，为学生营造良好的快乐健康的成长氛围，对学生进行心理健康教育，与学生及时沟通，了解学生的心态。现今更多的学生关注自身的价值需求，较少的站在他人的立场思考，缺乏责任感，面对困难和问题时不能主动承担责任，而是互相推卸，因此，教育学生要在感恩中具有责任担当，在实践中努力奋进，增强学生的社会责任感教育。身处飞速发展的新时代，面对社会转型期，青少年更要能够面对挫折，不怕失败，在不断历练中收获成长经验，以强大的心理素质和健康乐观的心理状态实现人生的目标。

二、"立德树人"的价值意蕴

（一）理论价值

1. 丰富了马克思主义德育思想

习近平是坚定的马克思主义者，他曾多次强调尽管时代不断向前发展，马克思主义的科学性、真理性、强大影响力依然存在。在新的历史条件下，习近平依然强调要深入学习马克思主义相关理论，并将其纳入教育教学的内容之中。习近平关于立德树人的重要论述，其形成与发展都离不开马克思主义德育思想的价值指引，其中关于人的需要理论、人的价值理论、人的全面发展理论等对于我国教育事业发展具有重要的指导意义。立足我国具体实际，在与我国教育实践经验不断结合的基础上，马克思主义德育思想依然拥有强大的生命力。习近平关于立德树人的重要论述在持续扩充完善的过程中，做到了与时俱进地丰富马克思主义德育思想的时代内涵。

马克思主义德育思想指导着我国教育事业在人才培养目标、要求、方法上逐渐趋于完善与科学，是我国人才培养工作应该始终坚持的指导思想。而我国教育事业随着时代发展总结出了更为丰富、更贴切时代要求的理论实践经验，也能促进马克思主义德育思想在新的时代条件下焕发出蓬勃生机。马克思主义德育思想之所以能够在今天的中国依然发挥出强大的力量，就是因为在与我国实际相结合的过程中不断得到创新。新中国成立后的每个历史时期，马克思主义德育思想都相继指导着我国教育事业人才培养目标、计划、方法的形成完善。时代发展到今天，习近平在不断进行实践、探索、总结的基础上，对其中关于人的价值理论、人的全面发展等内容，都进行了十分详细的论述，使得马克思主义德育思想得到了进一步的整合与发展，结合当今时代条件，不断丰富着其内容、目标与方法。马克思主义德育思想在中国化的过程中不断进行创新发展，成为习近平关于立德树人相关论述的重要理论基础，同时这些论述在扩充与丰富的过程中也将不断丰富马克思主义德育思想的具体内容与方法实践。

2. 对党的教育理论的继承、丰富和发展

德育在我国发展的过程中，一直为国家所重视，自新中国成立以来，确定了全面发展受教育者的德、智、体各方面素养，20 世纪 70 年代末，

我国进一步以法律的形式提出"教育必须为社会主义现代化建设服务，必须与生产劳动相结合，培养德、智、体等方面全面发展的社会主义事业的建设者和接班人"[①]的教育方针，德育被摆在了重要的位置。秉持继承的理念，在21世纪以来，习近平准确把握了我国的教育发展现状及需求，从能够更好的培养人的立场出发，将立德树人作为教育的根本任务。立德树人观念是党在对现实背景和德育价值的准确判断下提出的，丰富发展传统德育思想，为道德教育注入了新活力，也丰富和完善了党的教育理论，有利于国家的现代化建设。

3. 对教育本质属性的尊重与回应

教育以人为本，而人的成长和发展需要"德"的扶持。在我国传统文化历史的长河中，孙子、管仲、墨家学派等学说都闪耀着德性的光辉。在西方的文化传统中也有着重视德育的影子，但丁认为，智慧的缺陷能够通过道德的发展弥补，而道德的缺陷却远远无法通过对智慧的培育和发展进行弥补。因此，从中外的思想中可以看出，"德"不仅是人要追求的必生目标，更是国家生存的精神支柱。但现今，教育的本性更多地脱离了人这一主体，在一些地区中更加关注学生知识的掌握以及分数的取得，以分数论高低的思想普遍存在着，这给育人这一目标的实现造成了阻碍。这样的教育会忽视学生的兴趣和学习的规律而只关注考试的成绩，不仅会打消学生学习的内驱力，更会形成恶性循环。因此，立德树人的思想为教育的本性回归提供了新的路径指引，抓住了问题的核心和实质，是一个"正本清源的重要命题"。

（二）实践价值

1. 促进个人全面发展与综合素质提高

马克思主义强调要实现每个人自由而全面的发展，这也是我们党和国家一直以来的人才培养目标。尽管教育具有历史性，在不同的历史时期教育的性质、目的、内容和方法都不尽相同，但是培养全面发展的人才一直是我们党所坚持的教育价值取向。从"德智体"三方面得到充分发展到"德

[①] 全国人民代表大会常务委员会办公厅编. 中华人民共和国第八届全国人民代表大会第三次会议文件汇编 [M]. 北京：人民出版社，1995：91.

智体美"全面发展、培育"四有"新人，再到如今的"德智体美劳"全面发展，我国教育事业的价值取向越来越完善。

青少年的素质决定着国家和民族未来的素质，所以必须教育引导青年一代形成正确的价值观念，必须实施素质教育，使得青少年一代无论在知识能力还是人格培养上，都能得到充分的成长。习近平在关于立德树人重要论述中明确指出对学校教育成果进行检验，其根本原则和标准就是立德树人工作的成效，这样能够促进各方面教育在育人观念、管理体制、课程设置以及教学方法等方面不断改革创新，从而促使青年一代全面发展，长久地进行下去。育人为本，德育为先，各级各类教育在大力培养学生专业知识能力的同时也必须加强思想政治教育，在思想文化交流互相碰撞的时代，在受到各种社会思潮影响的今天，使青年一代能够形成正确的价值观念。此外，习近平关于立德树人重要论述还要求在目前发展相对薄弱的体育、美育、劳动教育上下功夫。这样能够保障学校体育课正常进行，加强学生的体育锻炼，增强学生的身体素质，同时还能够锤炼他们的坚强品格；能够督促各级各类教育加强美育工作，不断提高学生的审美与人文素养，在百花齐放的今天提高鉴赏与辨别能力，坚守本心；能够帮助青少年学生克服不尊重劳动、不想劳动的坏习惯，引导学生愿劳动、爱劳动，塑造能吃苦、有耐心的坚韧品格。各方面教育都得到充分的发展，才能真正提高综合素质，培养全面发展的人才。

通过贯彻落实习近平关于立德树人的重要论述，能够帮助整个社会真正从思想观念上扭转教育价值取向，扭转仅凭分数与文凭作为依据的不科学的价值评价导向。培养全面发展的人才需要个人注重综合素质的养成、学校开展丰富的素质教育课程、家庭转变不完善的教育观念、社会形成素质教育的氛围并改变只看重知识能力的价值选择取向，将立德树人贯穿教育的各个方面、各个环节，需要全社会共同努力、协同发展。习近平关于立德树人的重要论述能够从根本上展开素质教育，长此以往，能够促进人的自由而全面的发展。[①]

---

① 本书编写组. 习近平总书记教育重要论述讲义 [M]. 北京：高等教育出版社，2020：46-49.

2. 指导全社会开展思想政治教育工作

开展思想政治教育工作，必须牢牢把握好"全社会"这个范畴，发动多方力量，整合优质思想政治教育资源，形成合力，共同营造出家庭、学校、社会的协同育人格局。要做到深入基层，深入群众，将思想政治教育工作贯穿人才培养的各个阶段以及各个方面。习近平关于立德树人的重要论述能够指导在全社会范围内开展好思想政治教育工作，指引我们共同上好"思政大课"。无论是学校教育阶段，还是步入社会教育阶段，都应以习近平关于立德树人重要论述作为价值引领，将提升道德修养、坚定理想信念、练就过硬本领、明确时代责任担当始终贯穿全体社会成员的学习、生活、工作中，在全员育人、全过程育人、全方位育人的道路上不断探索，全面推动"大思政"格局的形成与完善。

看一个国家的发展潜力，关键在人才，而人才培养水平如何主要看这个国家高等教育水平如何，人才培养能否达到国际竞争要求。我国的高等教育肩负着为党、为国家培育人才的重要任务，在办学方向上一定要时刻保持正确，不能有所偏离。而大学的思想政治教育作为高等教育的重要内容，直接关系到大学怎样开展人才培养工作，因此大学思想政治教育工作的开展就成为在全社会开展思想政治教育工作的重点内容。"大学的立身之本在于立德树人"，只有守好这个大方向，大学才能有秩序、有保障地开展各项工作。必须要正确、全面、深刻地把握习近平关于立德树人重要论述对于大学的重要作用，并以此为指导，这样才能为我国的高等教育发展迈上新台阶提供正确的方法指导与科学的内容结构。[①]

（三）时代价值

1. 为建设高质量教育体系凝心聚力

2020年10月，党的十九届五中全会第一次明确提出了要"建设高质量教育体系"这个概念。这是随着我国发展进入新的阶段，对教育事业的要求也变得更高、更为深刻。接下来对于如何推进教育事业的发展，将以此为目标导向，这就意味着要更加全面地贯彻落实习近平关于立德树人的

---

① 罗成翼. 论新时代高等教育的根本任务——学习习近平关于立德树人重要论述的思考[J]. 习近平新时代中国特色社会主义思想研究，2020（01）：15-18.

重要论述。2021年全国教育工作会议也再次强调了要做好立德树人工作，不断提高教育的质量保障，这对于我国教育事业迈上新台阶具有十分重要的意义。

创新是突破发展瓶颈的关键所在，而要想创新，一切源头都在于"人"，只有依靠拥有创新能力的人才引领，才能为国家发展注入新的活力，而创新型人才的培养，就涉及教育的问题。中国特色高质量教育体系扎根中国，面向世界，体现着我国教育事业发展的内在诉求。从保障教育数量到重视教育质量，说明我国的教育事业不仅取得了很大的进步，同时也在探索的过程中，不断适应时代的变化发展，提出了更高的要求，想要取得更深层次的进步。建设高质量教育体系，一个方面是要继续扎实推进现如今相关政策的全面有效落实，另一方面是找准重点，结合时代特征，始终围绕"培育人"这个着力点和出发点，以此为中心进行全方位发散辐射。要做好立德树人工作，完善科学全面的育人体系，这是教育事业高质量发展的基础与重要发力点。习近平关于立德树人的重要论述始终强调对人才的全面培养，不仅注重良好道德品质的形成、专业知识能力的提升，更要培养拥有中国情怀兼具世界眼光的创新型人才。在教育评价机制上要克服以分数作为唯一依据的片面价值导向，尊重青年一代的成长特点，建立科学的教育评价奖惩机制等等。在新时代背景下，在对教育领域的改革提出更高要求的今天，通过贯彻落实习近平关于立德树人的重要论述，把握教育发展规律，从根本上转变思想观念，对加快推进教育领域的纵深改革，建设高质量教育体系具有十分重要的导向作用。此外，习近平关于立德树人的重要论述能够促进学校、家庭、社会协同育人机制的不断推进，使得教育资源、教育环境得到重新整合，使得教育理念更加适应现代化发展需要，工作上实现有效联动，凝聚形成最大合力，创造出一个良好的育人环境，高质量地去推进教育体系不断完善发展，从而为我国建成教育强国提供强有力的支撑，这也是其前瞻意义所在。

2. 与新时代人才培养目标的高度一致

长久以来，随着社会经济的进步发展，在教育领域中的"功利主义"也越发严重，家长们受传统思想的影响，过于关注学生的成绩，导致学校乃至社会将考试成绩的高低，以及就业率和升学率视为衡量学校的标准，学生之间的隐性竞争，对学生的学习有着过高的期望等都为学生带来了沉甸甸的压力，进而对学生幸福生活的目标失去了足够的重视，同时也使学生滋生只顾自己等不良品质，忽视社会责任的承担。立德树人的思想对教师和家长传统观念的改变、学校的育人理念都提出了更高的要求，新的理念更加关注"人"这一主体，站在学生的立场思考和把握问题的导向，在继承和创新思想的基础上，强调"以德量才"和"成德达才"，注重德性，凸显德才兼备，才能够始终保持与人才培养目标的一致性。

3. 为实现中华民族伟大复兴储备人才力量

我们必须清楚地认识到，中国现在已经进入了新的发展阶段，需要认真把握机遇，迎接挑战。国家发展的目标、要求、计划等都要随之进行调整，这既是时代的呼唤，也是时代的要求。一个国家的发展潜力与综合国力，关键在人才。要想完成我国现在乃至将来的发展目标，牢牢把握战略机遇和发展大势，就必须培养一批能够担当时代重任的创新型人才，提高核心人才竞争力，为我国高质量发展与国际竞争力的提高储备坚实的人才力量。

习近平强调，"必须把教育事业放在优先位置"[1]，在国家建设发展的进程中，教育是最基础的事业，具有先导功能。要联系中华民族伟大复兴的目标来定位教育，将教育放在国家发展的需求中来部署。建设一支高素质的人才队伍，提高发掘人才资源的能力，才能实现我国的发展目标，提高我国的国际竞争力。只有通过教育，才能将我国人口众多的优势有效地转化为优质的人才资源力量。通过教育事业发展进行人才培养，促进中国各项事业的发展，就必须把握并实践好习近平关于立德树人工作的重要论述，以立德为根本，以树人为核心，全方位立德树人，把握好立德树人工作的重要地位与作用，促进教育事业发展，用教育现代化来支撑国家现代化建设。

想要实现中国梦，需要全体社会成员共同努力；在百年未有之大变局中把握发展机遇，需要一批高素质创新型人才的不懈奋斗。国家要发展，绝不能故步自封，必须依靠创新的力量，从而增强国家的发展后劲，决定国家的前途命运。要做到以创新引领发展，全面把握创新的核心引领作用，

① 习近平. 习近平谈治国理政（第三卷）[M]. 北京：外文出版社，2020：36.

就必须抓住高端人才的培养。习近平关于立德树人的重要论述告诫青年学生要增长自己的知识见识，不仅要有中国情怀，更要兼具世界眼光，坚持立德为先、修身为本，要拥有真才实学、真知灼见，要培养创新意识与奋斗精神。人才是创新的主题，创新是发展的动力，必须牢牢把握好这一关系，用习近平关于立德树人重要论述指导发展实践，将立德树人工作落实好、落实到位，在每一个教育阶段、每一个教育领域，都要做到同一而论。此外，要发挥好家庭教育、学校教育、社会教育相互配合的作用，使得青年一代在成长过程中的任何一个方面、阶段都能得到充分的学习与成长，培养一批得到全面发展的、兼具中国情怀和世界视野的、拥有创新意识与创新能力的高端人才，汲取优秀的人才资源，为增强我国核心竞争力、实现中华民族伟大复兴提供不竭动力。①

三、"立德树人"与校园文化建设发展的关系

（一）立德树人是大学校园文化建设的必然选择

大学的主要任务一般为培养人才、传承优秀文化、服务社会、科学研究等。但是笔者认为，大学首要的本质还是培养德才兼备、全面发展的人才，即大学校园文化的本质就是"育人"。马克思认为，文化与人不可分，文化以人为主体，是在人的对象性实践活动中所形成的"人化自然"以及"自然的人化"。站在唯物主义实践观的立场上，马克思主义指出人的本质在于主体的实践性，通过劳动把人和其他动物区别开。"全部社会生活在本质上是实践的。"②人的本质还在于现实性，在现实性上是一切关系的总和。由此，人的本质是在一切社会关系的基础上形成的。因此，大学校园文化的本质就是在各种实践活动、校园活动中对人的教育及影响。借助校园文化一方面进行思想政治教育，另一方面实现大学人才培育目的。大学校园文化本质上就是从物质层面、精神层面、行为层面等借助实践活动及校园

① 罗映光. 重视根本问题 围绕中心环节 坚持全员全程全方位立德树人 [J]. 思想理论教育导刊, 2017（01）：39-42.
② 中共中央马克思恩格斯列宁斯大林著作编译局编译. 马克思恩格斯选集（第一卷）[M]. 北京：人民出版社, 1995：92.

师生交往活动达到"德育"的目的。如果大学把科研、服务社会放在第一位，那大学就会失去其本质属性，也失去教育的本质。目前中学教育普遍关注升学率，尤其是重点和名牌大学升学率，在德育培养上关注少。大学也因为学科评估体系而更关注科研、论文发表的数量及质量，大学生人才培育模式很难落实。因此，借助校园文化建设促进学生思想品德的提高是校园文化建设的必然选择。

（二）校园文化建设是立德树人的实现路径

总的来说，文化是"人化"的过程，文化一经产生就被打上人类的印记。而大学的主体是青年学生。人通过社会实践和各种社会关系创造了文化，文化反过来影响人、塑造人。文化是由人所创造、为人所特有的，大学校园文化的发展属于亚文化的一种，具有历史传承性，是一个动态的发展过程，也是"化人"的过程，其最终目的是促进人自由而全面的发展。马克思把人的本质定义为在其现实性上是一切社会关系的总和。通过社会关系发展文化，通过文化来塑造人。人的实践关系以及文化的形成是具有统一性的，文化就是在社会实践中形成的。因此校园文化的最终目的就是促进人的自由而全面的发展。如果大学的本质不是促进人的自由而全面的发展，那么大学也会失去其存在价值。[①] 如果大学校园文化活动的开展不是为了促进青年学生励志成长，那么大学校园文化活动也会失去其意义。实践活动是具有对象性，具有目的性，大学校园文化建设活动要立足学生，服务学生，一切为了学生的成长，而不是重点培养只会考试的机器，只有关注学生思想品德和优良人格的形成，才能培养出真正适合新时代中国特色社会主义的合格建设者和接班人。校园文化建设通过制度文化、精神文化、行为文化等方面的实践创新，实现立德树人的目标。与课堂开展的显性教育相比，校园文化对学生思想品德的形成具有潜移默化的特点，通过一定的校园文化环境对学生进行渗透性影响，达到隐性教育目的。校园文化建设的最终归宿是培养德智体美劳全面发展的社会主义接班人，培养社会所需要的人才，从这个意义上讲有利于实现"立德树人"的要求。由此可见，校园文

---

① 赵爱玲. 坚定和增强文化自信：我们凭什么（上）[J]. 学校党建与思想政治教育，2019（01）：35-40.

化建设是立德树人的实现路径。

（三）校园文化建设的核心与立德树人的价值追求高度契合

习近平指出："要更加注重以文化人以文育人，广泛开展文明校园创建，开展形式多样、健康向上、格调高雅的校园文化活动，广泛开展各类社会实践。"[①]立德树人作为教育的根本任务，要求大学不仅要加强对学生知识的传输，科学文化修养的落实，更重要的是加强德育的培养，注重学生的全面发展。将立德树人落实到教育的全过程，促使学生形成正确的世界观、人生观、价值观，成长为符合社会所需要的人才。大学校园文化建设要坚持弘扬社会主义核心价值观，加强对学生理想信念的培育。推动大学校园文化的发展也是积极弘扬和践行社会主义核心价值观，实现立德树人的重要举措。社会主义核心价值观是社会主义意识形态的一部分，大学校园文化建设以社会主义核心价值观为核心，就是将社会主义核心价值观与大学教育教学过程相结合，将社会主义核心价值观在大学转化为发展素质，培育德育为先、德才兼备的高素质人才，与立德树人的价值导向完美结合。

---

① 习近平. 论党的宣传思想工作 [M]. 北京：中央文献出版社，2020：278.

第二章　大学校园文化建设发展概述

大学校园文化建设发展水平是大学生在校期间接受高等教育及培训程度的重要表现方式之一，对广大师生的思想观念、价值取向、行为模式、心理状态等产生了巨大影响。不同时期的大学生活体现了不同时期的校园文化生活。校园文化是大学存在和发展的重要基石之一，也是决定大学综合实力的一种基础性、长期性、战略性的要素，其建设模式体现了大学的办学理念和人才培养的价值导向。经过改革开放四十多年，当前我国正处在社会结构转型的关键时期，人们正处在多种价值观并存的复杂社会中，价值观多元化的社会和开放性思想也顺其自然地使人们对社会文化建设提出了新的、更高的要求。在高等教育发展的新时期和提倡素质教育的大背景下，大学校园文化作为构成社会文化整体的重要一环，不仅肩负着大学培养人才的使命，更对全社会的文化氛围具有重要影响。

本章立足大学校园文化的内涵，分析大学校园文化的特征与功能，着重阐述大学校园文化建设发展的动力。

一、相关概念及内涵

对一个问题进行研究，不可避免地要对问题所涉及的相关概念进行清晰界定，对相关内涵进行阐释，这是研究问题的前提性条件，也是研究开展的逻辑起点。本章通过对文化、大学文化、大学校园文化、大学校园文化建设等相关概念的界定和内涵的阐释，为大学校园文化建设发展的学理性分析奠定基础。

（一）文化的内涵

从哲学层面来看，文化是人类在长期生产与生活过程中逐渐积淀的物质、精神两项财富的总和。同样，由于文化概念的内涵具有一定的复杂性，迄今为止学界仍未能给出较为一致的定义，但有一点是被普遍认可的，即文化是属人的，这样就把文化作为人类特有的特征与自然界固有的状态区别开来。所以，对文化内涵的理解可以从广义、狭义、折中义三个层面展开。从广义层面来看，人类在社会生产生活过程中所创造的所有物质性、精神性财富都属于文化范畴，这是因为在创造物质性财富的过程中，植入了人对外部世界的理解，即内在地含有人的价值观念。从折中层面来看，文化是人类所特有的精神性财富，如艺术、教育等，能体现出一定的价值观，具有特定的意识形态。文化作为特定族群（或者民族）的智慧产品，反映在该族群的历史发展过程中，是人们在适应特定自然的基础上所产生的一切有活动内容的浓缩，在一定意义上讲，是特定族群所有物质表象与精神内在的整体反映。而在这里，内在的精神是其核心，尽管物质作为外在性的存在具有文化内涵，但真正的文化则体现为物质存在所透露出的基本价值诉求。由此可见，文化是指能体现出人类精神需求的内容，包括意识形态、非意识形态两大部分的内容，具体而言，指的是价值取向、科学技术、语言文字等。狭义的文化指向个人的修为，即在社会化过程中，人的社会化程度，诸如文化修养水准、道德品质修养水准等。

不管怎样，文化是人类社会所特有的内容，是由人所创造的，也是人为事实，是在与大自然交换力量的过程中形成的对特定区域中自然现象的深刻理解。在这个过程中，捕捉到外部世界力量运行规律，以对大自然敬畏、尊重的方式，按照人类的理解予以表达，它可能是经验的结晶，也可能是人类的目的诉求，而这一切又以价值观形态表达出来。譬如，中国建筑的特殊结构，代表着中国人对"何为适居"的深刻理解，其中包含对人与自然如何相处的特殊理解，中国建筑与欧式建筑风格迥异，标志着中国特有的智慧。还有一点必须指出的是，文化作为人的智慧的结晶，是可以通过传播而加以传承的，这种传承既包含智慧的传承，又含精神家园的传承。文化的诞生与发展，与人类智慧发展有关，存在于人与人、自然的关系之中。

文化的核心内涵，是作为一种精神力量而存在的。人类在长期的生产生活中，逐渐对世界产生了一定的认识，并学会运用各种武器改造世界，逐渐形成了鲜明的价值观，按照马克思的话说，就是人们"按照美的规律来构造"①。所谓按照美的规律来构造，即人们在与自然界的能量交换过程中，获得了人生活生产所需要的物质资料，保证了人的延续和发展。在这一过程中，人类对外部世界有了越来越全面的理解，积累了丰富的经验，产生了新的感悟与体会，其价值取向也逐渐向着良好的方向发展，并会把这种价值取向转化为巨大的物质力量，在这种力量的作用下，社会不断向前发展。就文化而言，它的表现形态可以是个人化的，但更多的是以族群乃至民族的整体形态出现，带有群体性特征。

（二）大学文化的内涵

对于大学文化，不同的学者做出了不同的解读，可谓众说纷纭，但从一般意义上讲，认为大学文化是在大学历届师生长期的发展过程中共同形成的理念、制度和特色，这一点在学界是有共识的。这一概念是以大学中的人为主体，以知识及其学科（专业）为基础，主要通过制度、行为、形象、精神四个层面得以体现。大学文化是各个表现形态的总和。在大学文化中，精神文化明显处于核心位置，具有一定的内在性，并通过价值观系统得以体现。诚然，特定大学的管理特色和学科特色，决定了特定大学的内在风格，在一定程度上会反映到价值理念上来，并经长期积累而形成，由特定学校的知名学人包括校长（管理者）、知名专家教授、突出的学生和著名校友的品格、气质和创造力共同孕育，能展现出一所大学的育人理念、精神追求，并逐渐形成鲜明的风格。在大学文化中，制度文化起到了基础性作用，包括各个岗位的职责、师生行为准则、各种规章制度等。行为文化则是通过师生的行为体现出来的，是精神文化、制度文化的外在表现，即特定大学的师生员工在从事教育事务及相关活动中所显示的特定的行为风格，从行为文化中可以看出一所大学是否拥有强大的制度文化、精神文化。形象文化是大学文化的外在表现形态，通常通过学校的标志性建筑和景致等方面体现出来，因为学校的标志性建筑和景致含有特定学校特有的审美情趣，在一定意义上体现了学校的价值理念和文化品位、格调。

大学文化建设是一项系统性、长期性的工作，整个建设过程具有一定

---

① 中共中央马克思恩格斯列宁斯大林著作编译局编译. 马克思恩格斯选集（第一卷）[M]. 北京：人民出版社，2012：57.

的内在逻辑，要遵循由物质到精神、由无形到有形的规律，其中育人理念、办学思想、价值取向等处于最顶层的位置。大学文化是由多个要素构成的，这些要素按一定的顺序排列，处于核心位置的是精神文化，而形象文化则处于最外层。大学文化的这种层次位置分布，表明精神文化的核心地位及其对外层的文化要素所具有的宰制性地位和作用。

（三）大学校园文化的内涵

1. 大学校园文化概念界定

基于对文化的不同理解与运用，国内学者对大学校园文化概念进行了广义与狭义上的界定。广义的大学校园文化概念认为，大学校园文化是"在学校环境中，由学校管理者和大学师生在教学、科研、生产生活等各个领域的相互作用中所创造出来的一切物质的和精神的产物以及创造过程"[①]，涵盖大学校园文化的主体、过程、环境等诸多要素；狭义的校园文化概念则认为，大学校园文化特指"以师生广泛认同的人文精神、价值规范、道德体系、行为准则、思维方式、心理预期、校园作风、校园形象等为主要内容的精神文化系统"[②]。关于大学校园文化概念的这两种表述，对大学校园文化形成的历史性、过程性以及大学师生在其中的作用形成了一定共识。后者突出了大学校园文化共享性的特点，即大学校园文化必须是师生广泛认同的文化系统，这是大学校园文化的一个重要特征。也有学者通过总结校园文化在各种文献中的具体使用情况，指出国内学者对校园文化的界定可以分为三个层次：一是指大学文化，即与其他社会组织相区别的、大学所表现出的独特文化形态；二是指院校文化，即区别于其他同类院校的，个别高等院校在自身发展过程中所产生、积淀并通过全体成员表现出来的整体风貌；三是指学生课堂之外的行为活动和生活方式。[③]

从文化的产生来看，文化从根本上来说是人的社会化的产物。文化首先应该是"人化"，人是文化的主体。大学校园文化是大学师生员工在长期学术活动与办学实践中创造和发展的，是其活动与实践的产物。在这一

---

① 韩喜平，徐景一. 高校党建与校园文化建设 [J]. 思想教育研究，2013（10）：40.

② 张澍军，王占仁. 校园文化建设的基本原理与实践操作系统研究 [M]. 长春：吉林人民出版社，2013：37.

③ 张爱芳. 美国大学校园文化研究 [M]. 杭州：浙江大学出版社，2015：5.

过程中，被广大师生共同认可的价值观念、行为规范等逐渐积淀为校园文化的主要内容。对于大学校园文化的内部构成，学界以不同的划分依据形成了多种分类结果，其中，使用最为普遍的是以精神文化为核心文化、以制度文化为中层文化、以物质文化与行为文化为表层文化的层次结构。蕴含着大学办学理念的校园精神文化是对大学生品行影响最深远、最持久的部分，体现着大学校园文化的核心与灵魂。大学校园文化的育人功能不论是通过哪种文化形态进行的，归根到底都是以其内在的价值体系去引导人、塑造人，这是发挥大学校园文化育人功能的精神动力所在。而从我国大学所处的外部环境来说，大学校园文化的发展必然要与中国特色社会主义先进文化的前进方向一致，由社会主流文化引导。

综合以上分析，笔者认为，大学校园文化是大学历届师生员工在长期的学术活动与办学实践过程中逐渐积淀形成的，以社会先进文化为主导，以师生文化活动、文化交往为纽带，具有时代内涵与学校特色的物质文明与精神文明总和。从大学校园文化的性质来讲，它是中国特色社会主义先进文化的重要组成部分，其先进性是保证育人功能发挥的前提。就其特征而言，大学校园文化是具有先进性与复杂性、历史性与时代性、内聚性与开放性的文化形态。

2. 大学校园文化的基本构成

大学校园文化由物质文化、精神文化、制度文化和行为文化四个方面构成，这四个方面组成了大学校园文化的有机系统。在大学校园文化中，物质文化是大学校园文化的形成基础；精神文化为制度文化和行为文化提供了发展方向；制度文化为物质文化、精神文化和行为文化提供了制度保障；行为文化给精神文化和制度文化提供了具体的形式。四者相辅相成，共同组成了大学校园文化。

（1）校园物质文化

校园物质文化是大学校园文化的基础和一所大学的外部标志，是大学校园文化建设的重要物质基础，具体而言，包括校园环境、校园景观、校园文化宣传设施等硬件条件和学校的师资力量、学科建设、专业设置等软件条件。校园优美的亭台楼阁、郁郁葱葱的树木草地、随处可见的宣传栏和文化栏、餐厅、校医院、教学楼等都属于校园物质文化的硬实力，而大学德高望重的教授、素养高尚的老师、文明和善的后勤人员组成了校园物质文化的软实力。校园物质文化对大学师生的工作、学习和生活发挥着润物无声的影响力，良好的校园物质文化对于陶冶师生身心、调动师生积极性、凝聚师生精气神发挥着非常正面的影响，有利于提高师生的工作和学习效率。

（2）校园精神文化

校园精神文化作为一种较高层次的校园文化，反映了一所大学的价值体系、道德规范、办学理念和发展目标等诸多内在因素，是在学校长期发展过程中逐步形成的并为校园全体师生一致认同和自觉遵循的精神财富。校园精神文化是校园文化的隐性存在方式，是校园文化的抽象和升华，是一所大学的无形资产和宝贵的精神财富。从表现形式来看，一所大学的大学精神、学校传统文化、校史校情、办学理念是校园精神文化的内在表现，而校风、教风、学风是校园文化的外在表现。从校园文化的作用来看，良好的精神文化有利于引导师生做出正确的价值选择，坚定政治立场，维护社会主义主流意识形态安全，维护文化安全，同时也有助于提高师生的道德素养。

（3）校园制度文化

校园制度文化是大学在治校治学过程中形成的管理和决策体制文化，是校园行为、理念、道德、价值观念、意识等的制度化体现，是关于校园规范条例、政策要求、规章制度、校规校纪的综合，体现了大学的办学理念、治学办法、指导思想等，从顶层设计的层面为大学校园文化的建设提供了理论和实践指南。从类别上来看，校园制度基本包括组织管理制度、教学管理制度、人事管理制度、生活行为管理制度、学生培养机制等一系列制度。新时代大学校园制度文化建设致力于从现代大学制度的理念出发，建设符合实践需要和时代诉求的具有中国特色的现代大学制度文化。

（4）校园行为文化

校园行为文化是大学师生思想道德、价值选择的直观反映，是校园文化中最生动的体现。新时代继续加强大学校园行为文化建设对大学文化发展和文化强国建设具有至关重要的意义。多层次、多渠道、全方位的校园行为文化可以保证校园师生的身心健康，更好地培养师生的理性行为。从大学生成长成才教育来看,加强校园行为文化建设还有助于大学生的美学培养,提升大学生的审美层次,不断提高和完善其审美修养,成为全面发展的优秀人才;同时,通过科学合理的校园行为文化建设还可以帮助大学生更好地活跃思维,开发他们的形象思维能力,增强想象力,从而更好地满足人才强国战略的需要。建设高品质的校园行为文化,还能有效增强高校思想政治教育工作的感染力,提供吸引学生的生动载体,使思想政治教育更好地落到实处。

(四)大学校园文化建设的内涵

由于社会在不断向前发展,因此校园文化建设的内涵也在与时俱进,广大师生对校园文化建设的需求也在不断变化。大学校园文化建设呈现出动态发展过程。从大学校园文化建设的内容来看,大学校园文化建设包括物质文化、精神文化、行为文化、制度文化和网络文化,从这五部分来进行校园文化建设。物质文化包括校园雕塑在内的物质组成部分,指大学的硬件基础设施。制度文化和一个学校的管理制度相联系,通过制度来体现校园精神面貌,并通过制度文化约束学生行为,使师生积极参与校园文化建设,并通过相应政策、规定加以规范。行为文化就是师生言行举止体现的校园精神文化,是一种更直观的感受。精神文化又与办学理念、校歌、校训相统一,是大学在长期发展过程中形成的价值观念和内在诉求,是一所大学的灵魂所在。网络文化能够积极顺应网络信息化这一时代背景,针对学生自身特点,开展网络文化活动,打造信息网络教育平台,加强学生网络道德教育。这五个部分共同构成校园文化的内容且互相影响。

目前校园文化建设的主要目标就是实现立德树人的教育要求,加强学生思想政治教育,培养国家需要的全面发展的人才。立德树人不仅是人才培养的要求,也是大学校园文化建设的主要目标。大学校园文化建设就是通过物质文化、精神文化、制度文化、行为文化等加强学生德育工作,从而促进学生全面发展。相对于课堂教育来说,大学校园文化建设能够通过隐性教育达到潜移默化的教育要求,实现立德树人的目标。由于网络的快速发展,网络信息良莠不齐,长时间生活在校园的学生缺乏一定的信息辨别能力和判断力,因此更需要以立德树人为目标,加强大学生网络素养教育。

结合大学校园文化建设的五个层面以及立德树人的教育目标，高校首先要紧紧围绕立德树人的教育目标，把育人作为首要任务，其次是科研以及科学知识的传授，在校园文化建设过程中积极开展丰富多彩的校园文化活动，加强学生的思想品德教育，以德为主，德育为先。

二、大学校园文化的特征与功能

在对大学校园文化的有关概念和内涵进行探析之后，要想对大学校园文化进行更深入的研究，就必须对大学校园文化的特征和功能进行进一步的理论梳理。

（一）大学校园文化的特征

所谓特征，从一般意义上说，是指某事物自身具有的、区别于其他事物的特别显著的象征或标志。大学校园文化与其他文化不同，有其自身的特征。

1. 学术性与求真性

"崇尚学术"既是大学的一种传统的精神追求，也是现代大学所提倡的一种理性品质。学术研究和学习活动是高校师生的主要活动之一，是其社会角色、职业定位的必然要求。学术研究，是高校师生面对社会需要、社会问题而进行的理性思考，是推动科学、人文研究和科技、社会进步的主要活动。学习活动，是高校师生掌握科学文化知识，深入开展科学文化研究的需要。做好教学工作，营造良好的学习、学术氛围，是一所大学的核心任务之一，因此学术性是大学校园文化区别于其他文化的最重要特征之一。

大学以传承、整理、创新、创造知识为己任，这个过程实际上就是不断探究未知世界，探求真理的过程。[①]亚里士多德的名言"我爱我师，但我更爱真理"，就凸显了在科学文化研究过程中追求真理的重要性。追求理想、价值和真理，是人生意义的重要体现，是人类社会不断进步的源泉和动力。"求真性"体现了大学校园文化的属人特性，突显了大学校园文化的人文

---

① 刘刚，等. 多维大学校园文化研究 [M]. 北京：中国书籍出版社，2012：23.

关怀和人文品位。

2. 批判性与创新性

在学术研究、追求真理、探索未知、探寻规律的活动中，离不开批判精神，因此大学校园文化必然具有强烈的“批判性”，这是大学校园文化区别于其他文化的最重要特征之一。广大师生在整理现存知识、继承传统知识的过程中，需要去伪存真、去粗存精，这就离不开质疑与反思；在开展学术交流、文化交融、教学互动的过程中，需要论证与反论证、批判与反批判；在学习活动、学术研究、科学研究中，更需要大胆质疑、敢于挑战权威的批判精神。

创新是知识更新的前提和基础。创新是高校的根本特质之一，是推动高校发展的不竭动力和源泉。高校在完成保存和传承知识这一基本功能的基础上，要将创新文化知识和科学技术作为其重要的历史使命之一，要站在时代的潮头和科技的前沿，不断吸收新思想、新理论、新知识，着力营造有利于创新的氛围，努力培养具有创新精神的高级专门人才，用创新性的文化来诠释和提升大学精神，从而推动和引领社会不断向前发展。

3. 继承性与开放性

大学校园文化作为一种亚文化的存在，必然有着文化的继承性，这体现在大学校园文化对自身系统的继承，对本土历史文化的继承和对全人类先进文化的继承等方面。这种继承是一种批判的继承、有选择的继承和创造性的继承。在这个文化继承的过程中，更重要的是对本国、本民族、本区域文化的继承，是要让广大师生在了解本土文化精神和树立民族文化自信的基础上，再以宽容、包容的精神吸收其他国家和民族的文化。继承性是大学校园文化的特性，也是大学校园文化的历史使命。

要想继承全人类的文化成果，进行文化的交流和碰撞，就离不开开放的精神。校园文化虽然相对独立于主体社会文化之外，但它不可能脱离社会和社会文化孤立地存在与发展，它在教学科研、人才培养、招生就业等各个方面，都离不开对社会的及时反映和有效适应。尤其在全球化、网络化时代，大学及其校园文化要想健康持续发展，就更加离不开开放性的特性，没有开放性的校园文化也就不会做到兼容并包，是不会得到持续、健康发展的。

4. 时代性与超前性

大学校园文化的发展是要随着社会文化的发展而发展的，具有强烈的时代特征，而且还会与时俱进。我国大学校园文化在改革开放初期以振兴中华为主旋律，在改革开放取得初步成效时期是以"三个面向"为主题；进入 21 世纪初期以科技和创新为主题，在党的十七大尤其是十八大之后呈现出了和谐的趋势。[①]大学校园文化能折射出社会发展的主流和趋势，能预示社会的历史潮流和走向，具有最鲜活的时代性特质。

大学校园文化的超前性，意味着大学所生产的知识、精神是具有未知、未来意义的，是对现在知识、精神等的超越与升华。大学是社会精英聚集密度最高的区域之一，大学教师是当今社会的精英群体。大学生是社会未来的建设者和先进分子，他们对新知识、新领域的探求，对新思想、新观念的引领，必然促使大学校园文化有着突出的超前性。这种超前性主要体现在大学校园文化的先进性、精英性、高雅性和前卫性。

5. 独立性与稳定性

大学校园文化由于其产生的主体、环境和载体都有着相对的固定性和封闭性，这种特定的人群、特定的空间、特定的观念和特定的交流，必然导致大学校园文化在形成过程中逐渐显现出与社会上的其他亚文化、子文化不同的独立性。同时，由于受到大学历史传统、办学层次、治校理念等影响，每所大学的校园文化都有着与其他大学不同的独立性。但这种独立性是相对的，因为大学校园文化必须与社会主流文化甚至是其他亚文化、子文化保持双向交流的关系，必须与其他大学保持互学互鉴的交流关系，这种交流是客观的、非主动的、自然发生的。

大学校园文化的稳定性是由其独立性、继承性所决定的，任何一种文化，要想长久存在并发挥影响作用，就必然是一种相对稳定的文化。大学校园文化的稳定性主要体现在较社会其他亚文化、子文化所表现出来的较强的抗干扰能力和持续不变的"大学价值"追求，即世界上任何一所大学，不管其处在何种政治制度和文化氛围下，对科学的崇尚、对真理的追求、对人性的呵护和对社会进步的关心都是共同的。这是大学校园文化稳定性

---

① 李琼. 大学校园文化的特征与功能 [J]. 鄂州大学学报，2013（11）：37-38.

的重要体现。

6. 地域性与行业性

大学办学地域的相对固定决定了大学校园文化的地域性特点。宏观上来说，这种地域性带有大学所在国家、民族和文明的烙印；微观上来说，这种地域性会带有大学所在城市（区域）的政治、经济、文化甚至是民风民俗的痕迹。尤其是一些地方大学，教职员工和招收的学生都是以本区域为主，而且这些大学都以"服务地方"为主要的办学宗旨，因此必然会加强与地方的交流，较长时间后会不自觉地具有一定的地域性特点。

大学校园文化的行业性主要体现在学校办学类型和专业设置上。例如，理工类院校、政法类院校、财经类院校、师范类院校、艺术类院校、体育类院校等就与其他综合类院校不同，校园文化也有着很大的差别。这种不同，不仅仅是大学与大学的不同，更重要的是掺入了浓浓的行业气息，形成了一种独特的行业文化与大学文化的嫁接文化，也是大学服务国家、服务社会、服务大众的重要体现。

（二）大学校园文化的功能

所谓功能，从一般意义上说，是指事物或方法所发挥的有利作用。文化功能的体现离不开人的因素，人化的文化在于化人，换言之，文化的基本功能在于教化人、引导人、塑造人、熏陶人、培育人，也就是立德树人。

1. 教育功能

大学校园文化的教育功能主要表现在两个方面，一是思想教育功能，二是传播知识的教育功能。思想教育功能就是要帮助广大师生员工树立正确的世界观、人生观、价值观，坚定理想信念和培养良好道德品质。这种功能的发挥是潜移默化的、寓教于乐的，注重思想上的启发和情感上的共鸣，具有滴水穿石的功效。传播知识的教育功能，是指可以通过更多的宣传和媒体手段拓宽课堂教学的主渠道，丰富广大师生学习科学文化知识的方式和方法，拓宽广大师生学习的信息广度和知识面，并通过实践等方式有助于广大师生将学习知识的能力转化为理解思考的能力和创新创造的能力。

2. 导向功能

大学作为知识的殿堂、科学的圣地和人才的摇篮，其形成的文化氛围和文化环境必然对"校园人"有着显性或隐性的导向作用。这种导向功能，就是通过一定的文化活动把广大师生引导到大学所追求的价值取向上来，导向到这样一个境界：有着坚定的爱国情怀和正确的政治取向；有着健康向上的生活方式和审美情趣；有着良好的道德品质和道德情操；有着谦虚好学和多思创新的学习习惯和学习品格。这就需要大学坚持以社会主义核心价值观作为校园文化建设的价值选择和价值取向，营造正确、科学、健康、向上的校园文化导向，帮助广大师生树立起符合时代要求的现代人格观念。

3. 凝聚功能

大学校园文化所包含的全体师生共同的价值观念、理想信念、行为规范等群体意识，就像一种精神黏合剂，可以使广大师生产生归属感，增强凝聚力。这种凝聚的功能源于广大师生所共同认可的精神价值基础——理想、信念、共识、同感等，它能使全体师生团结一致，与学校荣辱与共、共同进步，也为解决内部矛盾提供了正确的准则和良好的氛围。这种凝聚功能对刚加入的师生有转化、融合的功能，对离开学校的师生依然有聚合、感召的作用，例如校友相见分外亲切，校友"反哺"母校进行捐助活动就是很好的说明。

4. 激励功能

从心理学的角度看，每个人都需要一种归属感，都希望在某个组织中得到认同与尊重。大学师生也同样有这样的需要，这就决定了一个好的大学校园文化必然会有激励功能。这种功能主要是精神激励，它能够强化师生的工作、学习动机，满足他们的高层次心理需要，从而激发他们的积极性、主动性和创造性。激励的过程其实就是需要不断满足的过程。人的教育程度越高，需要的层次就越高。因此，大学校园文化激励功能的发挥，核心是放在对广大师生求知与审美，尊重与自我实现的高层次需要的满足上，这就要在物质和精神两个文明建设中积极构建高层次的综合激励体系。

5. 约束功能

大学校园文化的约束功能，就是指大学校园文化能够"释放"出一定的道德评价标准和心理制约力量，使师生员工的言行受到一定的制约和控制，进而成为师生共同遵守的准则。这种约束功能一方面体现在"法"的硬约束上，另一方面体现在"德"的软约束上。我们在这里所说的"法"，主要是指能够适用于大学管理的法律法规和内部制定的各种有关于教育、管理、服务的规章制度。所说的"德",主要是指大学内部形成的无形的,诸如行为准则、道德规范、舆论氛围和风气风俗等文化上的约束力量,这种力量可以使在"校园人"产生思想压力和心理共鸣,进而产生行为的自我控制。

6. 创造功能

大学校园文化的创造功能,是指广大师生在对传统和历史的文化批判继承的基础上,不断对其吸收改造,并实现质的飞跃的文化再造功能。通过这种功能的发挥,从而创造出了新的文化规范和模式,为社会文化建设输送了先进的思想和高层次的人才。同时,这种创造功能的发挥还激发了大学师生的创造意识和创新精神,从而不断地向社会提供最新的科技文化产品,为创新型社会的发展贡献自己的力量。在当前"大众创业,万众创新"的形势下,发挥好大学校园文化的创造功能对校园内外都有着积极的影响,因此政府、社会和大学自身都要不断加大物质投入,为广大师生的创造活动提供必要的支持与帮助。

7. 协调功能

大学校园文化是由不同层次结构及结构要素组成的一个大系统,系统内部之间的和谐、顺利运转离不开其协调功能的发挥。这种功能的发挥,体现在师生之间教与学的和谐相长,体现在人与人之间的和谐交往,体现在各部门之间的相互配合,更体现在校园人精神上的支持与互助。在当今这个利益需求多重化、思想文化多元化、改革调整深入化的时代背景下,要想构建和谐校园,消弭利益、思想和人际的冲突,在发挥好党团组织、行政机构和学生组织协调功能的同时,更离不开校园文化的协调。这种协调是最高境界、潜移默化的协调,是信仰与追求的理解,是情感与人格的尊重,是生活方式与价值观念的包容。

8. 辐射功能

大学作为教育体系的"塔尖",必然会对社会其他亚文化产生重要的带动作用,这种作用是大学校园文化辐射功能的发挥。所谓辐射功能,是指大学校园文化作为一种先进的高层次文化对其他亚文化的发散、吸引、聚合的功能。这种功能的发挥主要通过两个重要的途径。一是大学师生的社会影响。每一个受过高等教育的人走向社会后，都自然会以良好的文化素质和文明修养去影响别人，这种影响是一种群体性的、持久性的。二是通过创造、传播知识的影响。大学作为一个社会的智库、思想库和知识源，所创造的文化科技知识不但会影响到社会生活的方方面面，而且还会引起社会政治、经济、文化的重大变革。

9. 美育功能

人追求美是人追求自己本质力量的丰富性的体现。大学校园文化的美育功能是指学校以审美和美化的角度对大学师生进行的针对性、系统性、持续性和潜移默化的影响。大学校园文化的美育功能主要体现在深厚的文化底蕴、高雅的文化活动、优美的校园环境、众多的文化景观和成荫的校园绿化等方面，让广大师生在校园中随处感到美的存在。通过美育及活动，引导学生在关注仪表美的同时，注重对自然美、艺术美、行为美等的向往与追求，逐渐培养良好的审美意识、审美观点和审美能力，进而做到自觉抵制落后的、腐朽的、色情的不良事物的影响，最终培养大学生具有高尚的道德情感和审美情趣。

10. 娱乐功能

罗马古典主义理论家贺拉斯的"寓教于乐"的观点，完全可以引入校园文化之中，使校园文化做到"教诲与娱乐携手并进"①。大学校园文化的娱乐功能就是指通过开展喜闻乐见的校园文化活动，来使广大师生心情得到愉悦、精神得到放松、情操得到陶冶的调试功能。广大师生在紧张的工作、学习之余，通过参加自己喜欢的文学、艺术、体育、演讲、影视、实践等活动，在愉悦身心、消除疲劳的同时，也促进了自己身心的健康，培养了自己综合素质的发展，从而可以以更加饱满的热情和昂扬的斗志投入到新的工作和学习生活当中去。

三、大学校园文化建设发展的动力

文化发展变迁的动力主要来自文化内部的变革，也可能源于文化外部的环境变迁。大学校园文化同样如此，其发展的动力也源于其内部和外部

---

① 孙庆珠主编. 大学校园文化概论 [M]. 济南：山东大学出版社，2008：73.

两个方面，即大学校园文化发展有内部动力和外部动力，但根本的动力还是来自于大学的内部，尤其是大学文化内部的变革。

（一）大学校园文化发展的内在动力

1. 人的需要与大学校园文化的发展

文化的核心问题，其实就是人的问题，因为文化就是"人化。"这就告诉我们，人是文化定义中最本质的因素，文化是人的文化，文化是因人而产生的。那么，人为什么要创造文化？显然，在于人的文化需求。但是，在人类文化发展的漫长历史进程中，人类自己并没有真正把"人"作为文化发展的最本质因素看待，甚至忽视人的存在。且不说奴隶社会和封建社会，就是我国社会主义建立以后的相当长的一段时间里，也不重视人，甚至谈"人"色变。不过，那样的年代已经过去，成为了历史，人类文化发展到今天，已经到了非常关注人的发展的时代。"以人为本"理念的提出，唤醒了人的发展的自我意识，同时也使我国文化的发展转向真正关注人的发展。现阶段，要构建和谐社会，就要坚持以人为本，关注人的发展。大学校园文化是人类文化中的高层次、高品位文化，尤其是大学校园中的学术文化，其层次和品位更高，甚至在某些方面代表了国家文化发展的水平，再加上与学术文化相伴的学术自由在大学的倡导，因此人的个性张扬与个人的发展在大学校园文化中更加受到关注。"校园人"，尤其是大学教师团队是社会中比较典型的精神贵族，大学教师和青年学生是社会群体中自我意识最强的人，所以，在现阶段，关注教师和学生的发展更是大学校园文化发展的动力内在的要求。大学校园文化发展动力尽管涉及的因素很多，但是最终还是要需要由"人"来实现和完成，因而，从本质上看，"人"才是大学校园文化发展最关键的动因。

文化发展的最本质动因是人，尤其是人的需求因素。文化为什么会进步，从根本上来说是因为人的需求。因此，我们可以说，需求是文化发展的原动力，但是人的需求又是多方面的。根据马斯洛（Abraham Harold Maslow的层次需要理论，人的文化需求是在人的生存需求得到满足之后才产生的，因为人的文化需求属于人的精神需求的范围。人的文化需求就是人追求文化进步的原动力，文化进步的动力源于人的精神渴望。文化进步的最根本原因还在于人有精神的需求，精神需求的力量和强烈程度，个人感受它的深度像火焰那样时刻包围着人，使人的欲望变为激情，变成采取行动的不可抗拒的愿望。马凌诺斯基（Bronislaw Malinowski）认为，人类有机的需要形成了基本的"文化迫力"，如饮食习惯、婚姻制度，强制了一切社区发生种种有组织的活动。马凌诺斯基在这里所谈到的"文化迫力"，实际就是指文化的制度化对人的行为规范所形成的宰制性力量，它是制度对人们约束性力量的具体表现。在马凌诺斯基看来，人的需要所形成的文化迫力，能够迫使人们去创造新的文化，并且认为这种动力是永恒的，它将推动人类文化不断发展。作为大学校园文化主体的大学教师和青年大学生在文化需求方面比中小学教师、学生，以及一般社会群体人员的要求更高，更强烈。大学教师和青年大学生的文化需求所形成的"文化迫力，"自然也会迫使人们去创造新的大学校园文化。同时，大学教师和青年大学生的自我实现，也离不开对大学校园文化的需求与满足。因为大学校园文化的本质就在于促进校园人的全面发展。

　2. 文化自觉与大学校园文化的发展

　　人类文化发展到今天，文化的自觉与自信已经成为文化建设的内在力量和时代需要。所谓文化自觉，按照费孝通先生的理解，就是指生活在某一特定文化中的人对其文化有自知之明，即指在文化上的觉悟和觉醒。在大学中，文化自觉就是指广大师生员工在学校教育教学和行政管理中自觉意识到文化的重要，自觉追求文化并自觉参与文化建设。在大学中，文化自觉对大学校园文化的发展有着十分重要的意义，具体表现如下。一是文化自觉能够促进大学校园文化创新。文化自觉作为一种文化意识，作为一种价值理性精神，它本身就具有很强的开拓性和创造性。大学广大师生员工能够明白其自身文化的过去和现在，知道自身文化的优劣与弱势，能够理性把握自身未来的发展趋向，就会努力去创造未来，开拓未来，更新自身，发展自身。于是，大学校园文化建设理念、制度、方法和途径等的创新，就成为必然。二是文化自觉能够促进大学精神的培育和提升。大学精神是一所大学的灵魂，包括人文精神、科学精神、批判精神等，是学校发展的精神动力。每一所大学都有自己的大学精神，只不过有的大学精神发展得比较成熟，有的发展得层次较低，但是大学精神都是发展的，与时俱进的。

文化自觉对于大学精神的培育和提升有着十分重要的地位和作用。一个具有文化自觉的大学，肯定是具有自我反省、自我批判、自我超越、自我创造精神的。大学通过其大学精神的培育，能够展示其文化自觉的程度，同时，通过文化自觉的实践，可以提升其大学精神。三是文化自觉能够提升大学校园文化的理性精神。大学校园文化由于其主体——教师和青年大学生的文化知识水平较高，比其他文化更理性，如果能够对自身有比较清醒的认识，扬长避短，就能够更加提升其理性精神。因此，可以说，文化自觉对于大学校园文化发展的意义和作用绝不是一般意义的政治、经济或其他措施所能比拟的，它具有不可替代性。

3. 大学校园文化的基本矛盾是推动大学校园文化发展的根本动力

我国大学校园文化的基本矛盾是什么？要回答这一问题，先得看文化的基本矛盾。关于文化的基本矛盾，姜春民认为"文化永恒的基本矛盾是文化的超越性与自在性"[①]，"文化创新与文化积淀的对立统一就是文化的基本矛盾"[②]。其实，这两种观点虽然表述不同，但所指的内容差不多，文化的超越性和文化创新指的都是文化的发展问题；文化的自在性和文化积淀指的都是文化的继承问题。所以，归而言之，文化的基本矛盾其实就是文化的发展与继承的关系，但是从我国社会主义初级阶段的基本矛盾看，我国文化的基本矛盾应该是文化生产和文化消费之间的矛盾。因为，我国社会主义初级阶段的基本矛盾仍然是生产关系和生产力之间的矛盾、上层建筑和经济基础之间的矛盾，其主要矛盾是人民日益增长的物质文化需要同落后的社会生产之间的矛盾。把这一思想应用到文化领域，就自然得到了文化生产和文化消费之间的矛盾是文化的基本矛盾的结论。既然文化的基本矛盾是文化生产和文化消费之间的矛盾，也就可以推断大学校园文化的基本矛盾是大学校园文化生产与大学校园文化消费之间的矛盾。大学校园文化生产是指广大师生员工在大学校园里从事创造精神财富的活动。文化生产不是也不同于一般物质资料生产，而是一种精神产品的生产。在具体文化生产过程中，虽然需要一定的物质基础和物质条件，但是文化生产主要是通过人的思想和智力活动完成的。大学校园文化消费是指广大师生

① 姜春民. 从"文化悖论"看文化基本矛盾 [J]. 中国地名，2007（03）：76.
② 姜春民. 从"文化悖论"看文化基本矛盾 [J]. 中国地名，2007（03）：76.

员工享用校园文化成果的活动。大学校园文化消费与大学校园文化生产一样，都是大学校园人的本质的外部表现。大学校园文化消费正是为了满足大学校园人的需要而进行的。马克思曾经指出：生产和消费"是人的实现或人的现实"①，大学校园文化主体也是人，是人就有内在的精神需求。马斯洛关于人的需求层次论中的尊重和自我实现的需要就属于精神追求，因此，大学校园文化消费真实地反映了大学校园人的内在本性。可见，大学校园文化消费是大学校园文化主体发展的内在动力，大学校园文化主体正是为了满足自己的文化需要，才生产和创造大学校园文化的。我国文化生产与文化消费之间存在的矛盾主要表现在总量矛盾和结构矛盾两方面。同样，大学校园文化生产与大学校园文化消费的矛盾也主要表现在两个方面：一方面是大学校园文化产品总量不足，尤其是高层次的校园文化产品更少，难以满足大学校园人的文化需求，另一方面各大学校园文化之间发展极不平衡，甚至差距很大，各大学校园文化内部各文化要素之间发展也很不平衡，尤其是大学校园文化中大学精神的普遍缺失，是社会和"校园人"对大学校园文化生产最不满意的地方。大学校园文化在消费方面的这些需求，就会成为推动大学校园文化发展的一种"文化迫力"，迫使大学校园文化生产出能够满足人们需要的文化产品来。因此，可以说，大学校园文化消费是大学校园文化生产的终极目标和内在动力。没有大学校园文化消费这种内在动力，就不能刺激大学校园文化生产的进步与发展，正是这种文化生产的目的和内驱力，直接推动了人类文化的进步和发展。总之，就大学校园文化而言，大学校园文化生产和大学校园文化消费之间是辩证统一的关系，大学校园文化生产决定大学校园文化消费，但是大学校园文化消费又反过来刺激大学校园文化生产。它们之间的相互作用，推动着大学校园文化的发展。

4. 创新是大学校园文化发展的内在动力

创新是国家和民族发展的动力，当然也是一所大学发展的动力，也可以说是这所大学校园文化发展的动力。从文化发展的角度看，没有创新就没有发展，创新是文化发展的内在动力，而创新的前提在于观念的更新和

---

① 马克思. 1844 年经济学哲学手稿 [M]. 北京：人民出版社，2000：82.

思想的解放。大学校园文化发展的内在动力是什么？从我国当前大学校园文化发展的现状看，不解放思想，不改革创新，难有大的进步与发展。

我国当代大学校园文化建设取得了很大的成绩，但是也存在不少问题，比如受功利主义的影响，我国大学校园文化在物质与精神上存在"形""神"的分离，在博雅与专业上存在崇"俗"弃"雅"，在学术与行政上存在"力"强"理"弱，在人文与科学之间存在轻"价值"与重"工具"等失衡现象。所谓"形""神"分离，具体表现在有形无神——有现代化的大学校园但是没有与现代化的大学校园相匹配的大学精神，体现在大学过于追求规模、数量的增长而忽略其内涵的发展，典型地表现在某些校长喜欢"圈地"与盖大楼，新大楼拔地而起，新校区日新月异。崇"俗"弃"雅"，主要指大学中确实普遍存在对功利世俗知识的专业教育比较重视，而往往忽视以训练心智为目的的博雅教育。崇"俗"弃"雅"，表现在面对世俗与功利的诱惑，作为象牙塔的大学原本构筑的守护自己本真的"精神围墙"在逐步崩塌。一些教授比较浮躁，不专心于学问，甚至已经逐渐沦为社会的"俘虏"与资本的"奴隶"。"力"强"理"弱，是就学术与行政的关系而言的，主要表现在大学行政化现象十分严重，以致达到泛滥的程度。大学依附于政府，也就自然成为有行政级别的机构，而且大学内部行政等级森严，行政对学术活动的干预比较普遍。轻"价值"重"工具"，指在人文与科学之间存在崇尚科学、贬低人文教育的现象。很多大学人文和科学融会贯通、相互促进的教育理念和大学文化没有真正形成。

大学校园文化当前存在的这些失衡现象，如果得不到有效遏制，就必然影响大学校园文化的进一步发展，而要从根本上改变目前的现状，就必须打破常规，大胆创新。因此，创新既是一个国家兴旺发达的动力，也是大学校园文化发展进步的内在动力。因此，适应时代变化，不断进行大学文化改革与创新，促使大学顺应时代发展，紧跟时代潮流，已经成为刻不容缓的艰巨任务。那么，什么才是大学校园文化创新发展呢？所谓大学校园文化创新发展，就是指大学为了提高办学水平，形成自身的核心竞争力，引入新的办学理念和价值观，重塑大学精神，加强制度文化建设，构建大学文化体系并不断创新的过程。文化创新发展的过程，其实就是文化的自我更新过程。而文化的自我更新过程就是文化生命运动的过程。文化在其生命运动中通过不断自我调节和被调节，从而不断完善自我，开创文化发展的新局面。

（二）大学校园文化发展的外在动力

从本质来说，每一所大学都希望减少外界的影响和干预，实行自由与自治，但是，大学总会受到政治、经济、文化乃至宗教的影响，现实中的自由和自治是有条件的，因此，任何置身于一定社会文化之中的大学校园文化都不可避免地要受到社会政治、经济、科技和文化的影响，并且这种影响会成为大学校园文化发展的外在推动力。

1. 大学校园文化受政治的冲击最大

自新中国成立以后，我国大学校园文化就是社会主义文化的一部分。作为社会主义文化一部分的大学校园文化必须坚持社会主义方向，所以，社会主义国家大学校园文化的基本性质，无疑是社会主义的，同样，资本主义国家的大学校园文化性质，也无疑是资本主义的。这就决定了大学校园文化必然受制于社会主义文化，因为大学校园文化不是封闭的文化，它虽然有围墙,但其观念和思想是开放的，它植根于一定的区域文化土壤之上，不可避免地受社会主体文化的影响和制约。从我国大学校园文化发展的实践看，每个社会主流文化所关注的热点问题都会在大学校园文化中找到相应的反映，都会有所表现。社会政治经济的每一次变革和发展，社会文化的每一次演进，都能引发一轮新的校园文化热点。社会文化良莠兼备、鱼龙混杂，它总要以各种方式折射和反映到校园文化中来，给大学校园文化带来正面或负面的影响。新中国成立初期，我国大学校园文化的主要内容和表现形式都与社会主义建设的需求与发展相一致；"文革"时期，由于受社会主流文化的影响，使大学校园文化遭到了严重的破坏；改革开放后，社会发展的重点转移到以经济建设为中心,这就对人才发展提出了需要,"知识就是力量"越来越成为人们的共识，高等教育的发展得到了党和国家的高度重视，大学校园重新燃起了希望，大学校园文化进入了恢复发展时期。这一时期，虽然打破了教条主义的精神枷锁，人们从思想的桎梏中解放出来，思想比较活跃，大学校园文化也同社会文化一样得到了一定的发展，但是这一时期的大学校园文化还没有完全转变过来，仍然表现出自发性、无序性等特点，同时，这一时期的大学校园文化内涵不丰富、载体比较单一，总体而言仍然比较肤浅，其形式还以校园文化活动为主。总之，我国大学校园文化受政治的影响仍然很大。

2. 大学校园文化受经济发展的影响

政治、经济、文化本身就既相互区别又相互联系、相互影响。社会经济发展是文化发展的物质基础，当然也是大学校园文化发展的物质基础。没有资金的保证，难以建设现代化的大学校园，没有现代化的大学校园，大学校园文化的发展就必然缺乏一定的物质基础。新中国成立初期的大学校园文化与今天大学校园文化相比，就是物质基础不同。改革开放以来，尤其是 20 世纪 90 年代以后，我国大学校园文化进入了深化发展时期，其主要原因就是因为这一时期的经济发生了历史性的变化，这种变化深刻地影响了人们的世界观、人生观和价值观。同时，这种变化也不可避免地影响到大学，影响广大师生员工的世界观、人生观和价值观，从而推进大学校园文化的深化发展。当然，经济发展对大学校园文化最直接的影响还是对校园物质文化的影响，因为有钱能够建现代化的图书馆、运动场和学生活动中心等文化体育设施，有钱能够建先进的实验室，有钱能够建校园人文景点等。这些校园物质文化载体都直接受制于社会经济的发展。

3. 科技发展对大学校园文化的影响

在法兰克福学派看来，科学技术已经是一种新的意识形态，它取代了政治权力而成为了一种前所未有的新的控制形式，发挥着意识形态的作用。把科学技术说成是新的意识形态，与我们传统的观念有冲突，但是这种观点对科学技术功能和作用的肯定是有道理的。确实，科学技术发展到今天，几乎左右了人类的进步与发展，已成为一部推动人类文明进步和文化发展的永不停息的发动机。大学校园文化的最大特点之一就是学术性，而学术性即是对科学技术的研究和探讨。也就是说，科学技术是大学校园文化的重要内容。其实，大学校园就是一个研究、传播科学技术的场所。所以，科学技术的进步与发展，对大学校园文化的发展影响特别大。在现代大学评价体系中，其科学技术研究的水平，所占的比重特别大，往往代表这所大学的水平。当然，科学技术研究本身也是大学的重要职能之一。从整个人类社会发展看，人们越来越相信科学知识，相信理智的声音，而不是感情，科学成为最具有权威的力量。这一点在大学更为明显，学术至上，科学至上，几乎成为所有大学的价值选择和价值取向。现代科学技术的发展，无疑会丰富大学校园文化的内容，推动大学校园文化的发展，比如信息论、系统论、控制论以及模拟试验、虚拟网络，等等，在很大程度上增加了人类的精神潜力和创作想象力，推动着人类文化的进步历程，为人类文化的进步提供源源不断的动力。

4. 历史文化条件、社会文化环境和外来文化对大学校园文化发展的影响

在同一个国家同一时期的不同大学校园文化为什么会有比较大的差异？其重要原因就是每所大学校园文化自身发展的历史和现状不同。历史文化条件不同、现状不同，必然对其大学校园文化的发展产生重大影响。我国"985""211"大学与一般普通大学在校园文化建设方面存在明显差异，主要就是其自身历史文化发展和现状不同。在发展现状方面，除"985""211"大学与一般大学有差异外，还有区域、地域文化差异，比如东部沿海地区的大学与中西部大学的文化发展环境不一样，这种不同当然也是多方面的，有政策文化环境、政府文化环境等。这些大学所处的特殊的文化发展环境必然对其大学校园文化产生影响。当然，这些影响有积极的，也有消极的。积极的影响促进大学校园文化的发展，消极的影响限制大学校园文化的发展。现代社会已经非常开放，大学校园文化的发展更需要吸收外来文化的营养。可以说，许多大学校园就是中西文化的交汇处，青年大学生对西方文化特别关注，在我国大学校园中曾经出现的"沙特热""弗洛伊德热""尼采热""叔本华热"等，就是很好的例证。外来文化的冲击和影响，既有正面的，也有负面的，处理得好就能够促进大学校园文化的发展，成为推动大学校园文化发展的动力，反之则成为影响大学校园文化发展的障碍。因此，地方大学校园文化建设者要积极主动地对接其所处的区域文化和区域以外的文化，包括其他国家和民族的文化，充分利用地方文化资源和地方以外的文化资源，一方面，让大学校园文化中的优秀文化走出去，主动融入地方文化及地方以外的文化之中，引导社会文化向前发展；另一方面，要让校外优秀文化走进大学校园，发挥文化在交流中的重要媒介作用和凝聚作用，努力构建特色鲜明的大学校园文化。

第三章 "立德树人"视域下高校校园文化建设
发展的理论基础与重要意义

文化发展是一个国家综合实力的重要组成部分。大学校园文化是中国特色社会主义文化的重要组成部分，同时，也作为新时代高校思想政治教育工作的有效载体，对大学生人格的全面发展、立德树人教育目标的全面实现乃至整个社会的进步具有重要的作用。马克思、恩格斯提出的以文化人、以文育人等相关理论和马克思主义中国化中的相关论断为研究高校校园文化的建设发展提供了坚实的理论基础。

一、"立德树人"视域下高校校园文化建设发展的理论基础

（一）马克思主义中以文化人的思想

1. 马克思主义关于文化的思想

马克思主义关于文化的思想作为马克思主义理论不可或缺的部分，始终立足于现实的社会关系，在探索人类社会发展规律的基础上，坚持以人的解放和发展为根本价值目的来阐释与文化问题密切相关的现象。① 在马克思、恩格斯看来，文化是人的本质性存在、人的解放与文化发展相辅相成、人的精神动力推动文化发展。虽然他们没有专门阐述过"文化育人"，但他们关于文化与人的本质、人的解放、人的精神动力等方面的思想理论都是文化育人的重要理论基础，对于大学校园文化建设发展有着重要的理论指导意义。

---

① 包华军. 少数民族优秀传统文化融入民族地区大学生思想政治教育研究 [D]. 武汉：中国地质大学，2017：33.

（1）文化是人的本质性存在

马克思、恩格斯虽然并没有对文化进行专门的和系统的阐述，但是他们对"文化"却有着深刻的理解和准确的把握，在他们的经典著作中对"文化"这一概念具有多重角度的解读和使用。从狭义的层面，他们把"文化"理解为经济基础之上纯粹的精神意识形式，强调文化的非物质性，即精神性质。他们认为，在考察生产变革时，要考察意识形态的形式。从广义的层面上看，马克思、恩格斯把"文化"理解为文明形态，把文明形态与人类社会发展总体紧密联系在一起。马克思批判粗陋空想的共产主义和社会主义是"对整个文化和文明的世界的抽象否定"①，恩格斯指出"文化上的每一个进步，都是迈向自由的一步"②。在他们看来，文明作为人类生活方式和内容的统一体，除了精神因素以外，还包括物质因素和制度因素。但无论是狭义的还是广义的"文化"概念，马克思、恩格斯强调的都是人类社会发展的自觉的理性文化精神。这种自觉的理性文化精神体现在人的社会历史生活和现实活动之中，在人的对象化活动中生成。在他们看来，文化与人密不可分，文化以人为主体，是人在对象化活动过程中形成的"人化的自然"和"自然的人化"，表现为人类实践活动本身以及这种活动的方式及其成果的总和。文化是人的本质力量的对象化。

对于人的本质，马克思、恩格斯从实践观和唯物历史观的立场出发，深刻揭示了其内涵，进而揭示了人作为文化主体所具有的实践创造性。主要体现在以下几个方面。

第一，人的本质在于人的类特性，在于主体实践性。马克思指出："一个种的整体特性、种的类特性就在于生命活动的性质，而自由的有意识的活动恰恰就是人的类特性"③，人通过劳动来体现人的类本质，证明人是有

---

① 中共中央马克思恩格斯列宁斯大林著作编译局编译. 马克思恩格斯文集（第1卷）[M]. 北京：人民出版社，2009：184.

② 中共中央马克思恩格斯列宁斯大林著作编译局编译. 马克思恩格斯选集（第三卷）[M]. 北京：人民出版社，2012：492.

③ 中共中央马克思恩格斯列宁斯大林著作编译局编译. 马克思恩格斯全集（第3卷）[M]. 北京：人民出版社，2002：273.

意识的类存在物。"因为全部人的活动迄今为止都是劳动，……"①，人的"全部社会生活在本质上是实践的"②，"人应该在实践中证明自己的思维的真理性，……"③在他看来，人的本质就在于社会实践，实践就是检验真理的标准。

第二，人的本质在于人的社会性，在于现实性。马克思从现实的人与人的社会关系入手，科学地揭示了人的根本属性是其社会属性，人的本质是一切社会关系的总和："人就是人的世界，就是国家，社会"④，人的本质不是人的肉体的本性，而是人的社会特质，从前的一切唯物主义的主要缺点是不把人"当做感性的人的活动，当做实践去理解，……"⑤在马克思看来，不能抽象地、片面地理解人，而要从人的社会特质去理解人——人是现实的、具体的，是活生生的人。马克思、恩格斯着眼于现实人的存在和发展，科学地揭示了人的现实性的内涵。他们认为："人们的存在就是他们的现实生活过程"⑥，进行历史分析和现实批判要着眼于现实的人，"是处在现实的、可以通过经验观察到的、在一定条件下进行的发展过程中的人。"⑦在他们看来，人的存在是指现实的人的存在，是指人的实际生活过程。人的本质不是永恒不变的抽象物，它在特定的人与社会发展条件下产生和形成。

第三，人的深层本质在于主体的自由自觉，在于主体性的不断发展完善。马克思从人的主体存在出发，对人的现实性和主体性即人本身，给予了充

---

① 中共中央马克思恩格斯列宁斯大林著作编译局编译. 马克思恩格斯全集（第3卷）[M]. 北京：人民出版社，2002：306.

② 中共中央马克思恩格斯列宁斯大林著作编译局编译. 马克思恩格斯选集（第一卷）[M]. 北京：人民出版社，2012：135.

③ 中共中央马克思恩格斯列宁斯大林著作编译局编译. 马克思恩格斯选集（第一卷）[M]. 北京：人民出版社，2012：134.

④ 中共中央马克思恩格斯列宁斯大林著作编译局编译. 马克思恩格斯选集（第一卷）[M]. 北京：人民出版社，2012：1.

⑤ 中共中央马克思恩格斯列宁斯大林著作编译局编译. 马克思恩格斯选集（第一卷）[M]. 北京：人民出版社，2012：3.

⑥ 中共中央马克思恩格斯列宁斯大林著作编译局编译. 马克思恩格斯选集（第一卷）[M]. 北京：人民出版社，2012：152.

⑦ 中共中央马克思恩格斯列宁斯大林著作编译局编译. 马克思恩格斯选集（第一卷）[M]. 北京：人民出版社，2012：153.

分的肯定。他指出："人的根本就是人本身"①，人是人的最高本质。个体的自由是定在之中的自由，充满偶然性的感性的生活才是人的自由存在根据。马克思在对资本主义异化劳动的分析中指出："劳动对工人来说是外在的东西，也就是说，不属于他的本质；因此，他在自己的劳动中不是肯定自己，而是否定自己，不是感到幸福，而是感到不幸，不是自由地发挥自己的体力和智力，……"②他认为自由以人们对自身生存条件的拥有和支配为前提，"生产者只有占有生产资料之后才能获得自由"③，而在共产主义这一自由人的联合体中，"各个人在自己的联合中并通过这种联合获得自己的自由"④。

马克思认为，人的本质力量及其多样性是随着人们社会实践的不断发展而发展的，"向来都是历史的产物"⑤。人要成为主体，就必须实现自己的本质力量，就必须以人的自由、平等和社会的公平、正义为前提，进而在社会实践中能够支配自然、能够主宰自己的命运，成为社会的主人。

马克思、恩格斯关于文化与人的本质的理论，深刻揭示了文化是人的本质性存在，人创造文化，文化也塑造人。人能创造文化，使文化的发展有了动力源泉，而文化的发展即是人的发展，这使文化育人成为必要。反过来，文化也能塑造人，为人的发展提供动力，使文化育人成为可能。从这个意义上讲，马克思、恩格斯关于文化是人的本质性存在思想，是文化育人内在的理论基础。

（2）人的解放与文化发展相辅相成

人的解放是马克思毕生追求的崇高理想，也是马克思主义理论的根本宗旨。马克思认为，社会发展与人的自由自觉活动、人的解放是紧密联系

---

① 中共中央马克思恩格斯列宁斯大林著作编译局编译. 马克思恩格斯全集（第3卷）[M]. 北京：人民出版社，2012：207.

② 中共中央马克思恩格斯列宁斯大林著作编译局编译. 马克思恩格斯全集（第3卷）[M]. 北京：人民出版社，2002：270.

③ 中共中央马克思恩格斯列宁斯大林著作编译局编译. 马克思恩格斯选集（第三卷）[M]. 北京：人民出版社，2012：818

④ 中共中央马克思恩格斯列宁斯大林著作编译局编译. 马克思恩格斯选集（第一卷）[M]. 北京：人民出版社，2012：199.

⑤ 中共中央马克思恩格斯列宁斯大林著作编译局编译. 马克思恩格斯全集（第3卷）[M]. 北京：人民出版社，1960：567.

在一起的，人的活动的展开和自由的获得是社会发展的动力源泉。人的全面而自由发展是人类自身发展的理想状态，是社会历史进步的必然趋势，也是人的"解放"的最高境界。从文化发展意义上讲，人的解放即人的文化主体性的发展，人的文化主体性的发展集中体现在人的文化实践能力、社会关系、文化个性的发展之中，体现在对人、对物的依赖关系之中。

在马克思看来，人的解放主要包括人的劳动实践能力、社会关系和个性三个方面的解放。人的劳动实践能力的解放包含很多方面的内容，但最重要的还是体力和智力的整体性解放。马克思认为，劳动者只有集体力劳动与智力劳动于一身，能够适应不同的劳动要求，才能实现全面的解放。同时，人的社会关系的发展也"决定着一个人能够发展到什么程度"[①]。因此，人必须积极参与社会交往，建立丰富而全面的社会关系，以实现社会关系的解放。人的个性解放是以人的劳动能力和社会关系解放为基础和前提的。人的本质要通过人的个性来表现，马克思主张要尊重人的个性，为全面发展人的个性创造条件。

在马克思看来，人的解放的过程实际上就是社会全面发展的历史过程。他提出："'解放'是一种历史活动，……是由工业状况、商业状况、农业状况、交往关系的状况促成的……"[②]他以人与社会的关系为线索，以人类社会三大发展形态的历史演进为依托，具体考察了人的解放的历史过程。他认为人类社会发展第一大形态主要表现为人的依赖关系，"人的生产能力只是在狭窄的范围内和孤立的地点上发展着"[③]，第二大形态表现为物的依赖关系，人的独立性建立在普遍的社会物质交换基础之上，第三大形态表现为人的自由个性——个人全面发展，人们共同的社会生产能力成为社会财富。在马克思看来，只有在生产力高度发达，人完全摆脱了对人和对物的依赖，人的全面自由发展才能真正实现。在社会发展的第三大阶段，即马克思所讲的共产主义社会阶段，由于生产力的高度发展，人们摆脱了

---

① 中共中央马克思恩格斯列宁斯大林著作编译局编译. 马克思恩格斯全集（第3卷）[M]. 北京：人民出版社，1960：295.

② 中共中央马克思恩格斯列宁斯大林著作编译局编译. 马克思恩格斯选集（第一卷）[M]. 北京：人民出版社，2012：154.

③ 中共中央马克思恩格斯列宁斯大林著作编译局编译. 马克思恩格斯全集（第30卷）[M]. 北京：人民出版社，1995：107.

对人和对物的依赖，从必然王国进入自由王国，人的解放真正得以实现，人也能真正成为自由而全面发展的人。

马克思关于人的解放理论，强调人的全面自由发展是人"解放"的根本任务和最终目标，人的"解放"过程与社会历史发展的过程相统一，揭示了人的解放与文化发展之间相辅相成的关系，而文化育人的根本宗旨是人的自由全面发展，以促进人的解放与文化发展为导向，以现实的社会文化发展条件为基础。从这个意义上讲，马克思关于人的解放理论，是文化育人宗旨的理论依据。

（3）人的精神动力推动文化发展

人的精神动力对人的实践积极性具有重要影响。马克思最早表述了精神动力的内涵。马克思在《〈黑格尔法哲学批判〉导言》中指出："理论一经掌握群众，也会变成物质力量。"[1]这揭示了理论作为一种精神力量可以成为推动群众实践活动的物质力量。马克思认为劳动包括资本，还包括"肉体要素以外的发明和思想这一精神要素"[2]。在他看来，人的精神动力可以转化为推动生产的物质力量，是生产中不可或缺的重要因素。

恩格斯对精神动力作了明确而深入的阐述。他指出："外部世界对人的影响表现在人的头脑中，……成为感觉、思想、动机、意志，……成为'理想的意图'，……变成'理想的力量'"[3]，人的行动的一切动力"都一定要通过他的头脑，一定要转变为他的意志的动机，才能使他行动起来，……"[4]在他看来，人的精神动力是人脑对客观存在及物质利益的反映，在实践中产生，源于人脑的机能，是一种唯物性的存在，人脑内产生的感觉、思想、动机、意志等精神因素都可以成为推动人行动的精神动力。

按照马克思、恩格斯的观点，人的精神动力是人的本质力量的一个重

---

① 中共中央马克思恩格斯列宁斯大林著作编译局编译. 马克思恩格斯全集（第3卷）[M]. 北京：人民出版社，2002：207.

② 中共中央马克思恩格斯列宁斯大林著作编译局编译. 马克思恩格斯全集（第3卷）[M]. 北京：人民出版社，2002：453.

③ 中共中央马克思恩格斯列宁斯大林著作编译局编译. 马克思恩格斯选集（第四卷）[M]. 北京：人民出版社，2012：238.

④ 中共中央马克思恩格斯列宁斯大林著作编译局编译. 马克思恩格斯选集（第四卷）[M]. 北京：人民出版社，2012：258.

要体现，而文化作为人的本质性存在，人的一切实践活动都是一种文化实践，这深刻揭示了：人的精神动力是其从事生产实践不可或缺的因素，它推动生产的发展，实际上就是推动文化的发展。没有人的精神动力作支撑，文化发展便没有了动力之源。从根本上说，人的精神动力主要来自于人的主体性、人的自觉能动性和人的精神需要。

第一，人的主体性主要表现为人是自然的主体、是社会与历史的主体、是实践的主体。马克思认为人在改造自然的过程中，人既是主体，也可以成为客体，成为被改造和作用的对象，即表现出"人的能动和人的受动"[①]，"人作为对象性的感性的存在物，是一个受动的存在物；……"[②] 人在改造自然或他人的同时也会改造自己。人是主体和客体的统一。

关于人与社会、社会发展历史的关系，按马克思、恩格斯的观点："人就是人的世界，就是国家，社会"[③]；在社会发展中"历史什么事情也没有做"[④]，能够创造一切并"创造这一切、拥有这一切并为这一切而斗争的，不是'历史'，而正是人，现实的、活生生的人"[⑤]，"无论不从事生产的社会上层发生什么变化，没有一个生产者阶级，社会就不能生存。"[⑥] 在他们看来，人是社会的主体，人民群众是历史的创造者，是一切社会实践的主体。

在探讨主体与客体的关系时，马克思认为人是实践活动的主体。实践活动是人的对象性活动。要理解人的实践活动，必须从人的实践活动出发，把人的实践活动本身理解为对象性的活动，进而有利于主体人客观地理解

① 中共中央马克思恩格斯列宁斯大林著作编译局编译. 马克思恩格斯全集（第3卷）[M]. 北京：人民出版社，2002：303.

② 中共中央马克思恩格斯列宁斯大林著作编译局编译. 马克思恩格斯全集（第3卷）[M]. 北京：人民出版社，2002：326.

③ 中共中央马克思恩格斯列宁斯大林著作编译局编译. 马克思恩格斯选集（第一卷）[M]. 北京：人民出版社，2012：1.

④ 中共中央马克思恩格斯列宁斯大林著作编译局编译. 马克思恩格斯文集（第1卷）[M]. 北京：人民出版社，2009：295.

⑤ 中共中央马克思恩格斯列宁斯大林著作编译局编译. 马克思恩格斯全集（第2卷）[M]. 北京：人民出版社，1957：118.

⑥ 中共中央马克思恩格斯列宁斯大林著作编译局编译. 马克思恩格斯全集（第19卷）[M]. 北京：人民出版社，1963：315.

和把握人的实践客体。他指出，从前的一切唯物主义都没有把对象、现实、感性"当作感性的人的活动，当作实践去理解"①，都没有"从主体方面去理解"②，"生产不仅为主体生产对象，而且也为对象生产主体"③。在他看来，实践是连通主客体的纽带。通过实践，主体作用于客体，实现人的活动对象化、主体客体化，同时也使客体成为真正意义上的客体。

第二，自觉能动性作为人的意识、目的和动机的综合体现，它是人的主体性的动力之源。意识是人脑对客观存在的反映，是人区别于动物的特点。按照马克思的观点，自由的有意识的活动人的类特性。人的活动与动物本能的活动不同，它是自觉的、有意识的、能动的活动，人把自己的活动变成了自己意识和意志的对象。意识只有反映客观存在的事物及其发展规律，人的自觉性与能动性才可能实现。人类越发展，人类活动的意识性与自觉性就越强，正如恩格斯所说："人离开狭义的动物越远，就越是有意识地自己创造自己的历史。"④

人的实践活动是自觉的、有目的的活动。无论是个人还是群体在社会实践活动中都会有一定的目标，并且努力实现这一目标，"历史不过是追求着自己目的的人的活动而已"⑤。在马克思、恩格斯看来，人的实践活动是不断追求和实现不同阶段发展目标的历史过程，普遍具有自觉意识和预期目的等特征。人们实践活动的目的性集中体现了其实践活动的自觉性。

动机体现人们的需要，推动人们的实践活动。马克思指出："消费创造出新的生产的需要，也就是创造出生产的观念上的内在动机，后者是生产的前提。消费创造出生产的动力；它也创造出在生产中作为决定目的的东西而发生作用的对象。……消费在观念上提出生产的对象，把它作为内

---

① 中共中央马克思恩格斯列宁斯大林著作编译局编译. 马克思恩格斯选集（第一卷）[M]. 北京：人民出版社，1995：54.
② 中共中央马克思恩格斯列宁斯大林著作编译局编译. 马克思恩格斯选集（第一卷）[M]. 北京：人民出版社，2012：133.
③ 中共中央马克思恩格斯列宁斯大林著作编译局编译. 马克思恩格斯选集（第二卷）[M]. 北京：人民出版社，2012：692.
④ 中共中央马克思恩格斯列宁斯大林著作编译局编译. 马克思恩格斯选集（第三卷）[M]. 北京：人民出版社，2012：859.
⑤ 中共中央马克思恩格斯列宁斯大林著作编译局编译. 马克思恩格斯文集（第1卷）[M]. 北京：人民出版社，2009：295.

心的图像、作为需要、作为动力和目的提出来。"① 在他看来，动机实质上就是客观需要的主观反映。动机是需要和行为的中介，是把需要转变为满足需要的实践活动的桥梁。

第三，人的精神需要是促进人与社会发展的重要动力。马克思、恩格斯认为，人具有广泛体现其社会本质与发展内涵的多方面的需要，并"以其需要的无限性和广泛性区别于其他一切动物"②。从生产和需要来看，人与动物的根本区别就在于人不仅有物质需要，还有精神需要。人的精神需要是在满足物质需要的社会生产实践过程中产生的，是社会发展的产物。

人作为现实的人，人的社会生活是丰富多样的，社会生活的丰富性也决定了人的精神需要的丰富性。"人既有理论需要，又有情感需要，还有意志需要。"③ 其中，理论需要是人的最深层次、最本质的精神需要。情感需要是精神需要的重要组成部分，升华和满足人的情感需要是促进人的健康成长、激发人的行为动力的重要因素。恩格斯指出："没有这种革命的义愤填膺的感情，无产阶级的解放就没有希望。"④ 意志需要是人的不可或缺的精神需要。马克思指出，在劳动中，"需要有作为注意力表现出来的有目的的意志"，而且越是枯燥的不为劳动者喜欢的劳动，就越需要这种意志。

人的精神需要不仅具有丰富性，而且具有层次性，从低到高可分为三个层次：处于最低层次的是人的基本精神生活需要，即人们在社会交往中形成和发展起来的精神交往需要和社会情感需要。在论及语言的产生时，马克思、恩格斯指出："语言也和意识一样，只是由于需要，由于和他人交往的迫切需要才产生的。"⑤ 处于第二个层次的是人的精神发展需要，即

---

① 中共中央马克思恩格斯列宁斯大林著作编译局编译. 马克思恩格斯选集（第二卷）[M]. 北京：人民出版社，2012：692.
② 中共中央马克思恩格斯列宁斯大林著作编译局编译. 马克思恩格斯全集（第49卷）[M]. 北京：人民出版社，1982：130.
③ 骆郁廷. 精神动力论 [M]. 武汉：武汉大学出版社，2003：90.
④ 中共中央马克思恩格斯列宁斯大林著作编译局编译. 马克思恩格斯全集（第7卷）[M]. 北京：人民出版社，1959：269.
⑤ 中共中央马克思恩格斯列宁斯大林著作编译局编译. 马克思恩格斯选集（第一卷）[M]. 北京：人民出版社，2012：161.

人们在精神上不断充实和发展自己、实现精神进步的需要，如不断完善自身思想理论、价值观念、道德情操、意志品质等。这种需要一旦产生并获得满足，就会形成一种推动力，促进人和社会的发展，就如马克思所言："已经得到满足的第一个需要本身、满足需要的活动和已经获得的为满足需要而用的工具又引起新的需要，……"① 处于最高层次的是精神完善需要，即在精神发展基础上，在理想社会、人格、自我实现等方面追求更高的精神价值和人生价值。精神需要的不断增长与满足，是促进人精神生活发展的强大精神动力，也是促进人与社会发展的重要动力。

马克思、恩格斯关于人的精神动力理论，强调精神动力是人的本质力量的重要体现，人的精神动力主要体现在人的主体性、自觉能动性和精神需三个方面。人的主体性，使人成为自然的主体、社会的主体、历史发展的主体，以及一切社会实践活动的主体。这充分说明，人也是文化育人活动的主体。人的自觉能动性是人的主体性的动力之源，人的一切活动都是有意识、有目的、有动机的活动，文化育人活动也不例外，它追求的是文化育人活动主体人的目的，即塑造人、教化人，促进人的全面发展。人的精神需要，是人在社会交往、发展进步和自我完善过程中产生的需要，它是促进人精神发展的内在动力。满足人的精神发展需要，是文化育人的基本使命。从文化育人中受教育者的角度讲，人的精神动力是促使人向文而化的力量之源，是文化育人价值得以实现的重要基础。从这个意义上讲，人的精神动力理论，是文化育人中"人向文而化"的重要理论依据。

2. 马克思关于文化认同的理论

马克思关于文化认同的理论可以让我们更好的把握红色文化认同的基础和动力。马克思的文化认同理论告诉我们，文化"矛盾"是"认同"的基础，这是由人的存在方式的差异性而导致的；从多种文化中进行某一文化的选择和认同，其中最主要的动力来源于对文化所蕴含的价值的认同。

首先，社会生产和交往的过程也是文化认同的过程。马克思认为，社会历史发展的根本动力在于生产力的发展和交往的扩大化。因此，社会历史的形成过程实际上也包含着文化认同的过程。马克思指出："要研究精

---

① 中共中央马克思恩格斯列宁斯大林著作编译局编译. 马克思恩格斯选集（第一卷）[M]. 北京：人民出版社，2012：159.

神生产和物质生产之间的联系，首先必须把这种物质生产本身不是当作一般范畴来考察，而是从一定的历史的形式来考察。”① 不同的个体、族群之间的交往过程也就是文化认同的过程，是对其他个体、族群的生活方式、社会关系以及生产方式的认同。个体在交往中体现出的文化交流，不仅仅是个体的思想，而且是个体背后的族群、民族甚至是国家积累传承下来的文化的交流与碰撞，对现实中的生活、交往方式的认同，实际上就是对文化存在的认同。

其次，文化的差异性矛盾是文化认同的原因所在。文化个体在生产、交往时，往往带有个体的民族、国家所蕴含的文化背景。马克思认为：“以一定的方式进行生产活动的一定的个人，发生一定的社会关系和政治关系。经验的观察在任何情况下都应当根据经验来解释社会结构和政治结构同生产的联系。”② 从中可知，人们的经验体现在对日常生活、经济社会和政治社会的交往的总结上。在现实生活的交往中，经验与交往行为的差异化而产生两种相对立的结果，即“认同”与“不认同”。因此，各文化间存在的差异性矛盾是文化认同的原因。

最后，文化认同的本质是对文化发展价值的认同。马克思对文化的价值是充分认同的。“批判的武器当然不能代替武器的批判，物质力量只能用物质力量来摧毁；但是理论一经掌握群众，也会变成物质力量。”③ 马克思认为，物质基础对社会发展具有重要的作用，而文化理论同样也对社会的发展具有重要的作用，它能够“炼出新的品质，通过生产而发展和改造着自身，造成新的力量和新的观念，造成新的交往方式，新的需要和新的语言”④。恩格斯对文化的价值也同样持肯定的态度，并强调要重视文化之间的相互影响。恩格斯认为：“政治、法、哲学、宗教、文学、艺术等等

---

① 中共中央马克思恩格斯列宁斯大林著作编译局编译. 马克思恩格斯全集（第33卷）[M]. 北京：人民出版社，2004：346.

② 中共中央马克思恩格斯列宁斯大林著作编译局编译. 马克思恩格斯选集（第一卷）[M]. 北京：人民出版社，2012：151.

③ 中共中央马克思恩格斯列宁斯大林著作编译局编译. 马克思恩格斯全集（第3卷）[M]. 北京：人民出版社，2002：207.

④ 中共中央马克思恩格斯列宁斯大林著作编译局编译. 马克思恩格斯全集（第46卷）（上册）[M]. 北京：人民出版社，1979：464.

的发展是以经济发展为基础的。但是，它们又都互相作用并对经济基础发生作用。"① 也就是说，社会发展不仅取决于经济基础，还取决于各种文化的重要作用。文化具有继承性，这些理论对我们理解文化认同具有重要的指导意义。

3. 马克思关于人的全面发展学说

马克思关于人的全面发展的学说为教育对人类发展的作用指明了道路。他把教育作为一种解放人的手段，在他看来，在最终目的上，人永远是目的而不是手段，作为解放手段的教育的目的仍然在于人的全面、自由、和谐发展，马克思、恩格斯从《德意志意识形态》开始，就把"个人全面发展"摆到了重要位置。教育的目的在于人的全面、自由、和谐发展的思想对我们理解教育的真正内蕴有深远的意义。

首先，马克思关于人的全面发展的学说规定了教育的标准是努力促进人的现代化。不仅仅满足教育规模的大小和人数的多少，更重要的在于革除因循守旧、遵从天命、以古训为准则、唯上唯书、妄自尊大以及知足常乐的小农心态，实现向现代人的转变。

其次，马克思关于人的全面发展的学说奠定了正确的教育观，即全面发展的科学的教育观。只有实施全面发展的教育，才是培养健全人的教育，才能真正实现对全面发展的人的接近。

再次，马克思关于人的全面发展的学说为教育指明了基本道路。教育体制和机制的变革只有通过教育参与人类社会实践才可能实现。

最后，马克思关于人的全面发展的学说还让我们明白了教育是实现人的全面发展的基本条件。它是人的发展和社会进步必不可少的手段。因此，马克思关于人的全面发展的理论对立德树人视域下高校校园文化建设发展研究起到了重要的指导作用。

人的全面发展理论是马克思主义理论重要组成部分，是思想政治教育确定任务的重要基础。同时，也是思想政治教育以文化人的终极价值目标，对思想政治教育以文化人有着重要的方向引领作用。

① 中共中央马克思恩格斯列宁斯大林著作编译局编译. 马克思恩格斯选集（第四卷）[M]. 北京：人民出版社，2012：649.

（二）马克思主义中国化中的相关论断

"马克思主义中国化"这一命题最早是刘少奇在党的第七次全国代表大会上提出的。他在《关于修改党的章程的报告》中指出："要使马克思主义系统地中国化，要使马克思主义从欧洲形式变为中国形式，就是说，要用马克思主义的立场与方法来解决现代中国革命中的各种问题，……"①马克思主义中国化一共经历了三次历史性的飞跃：第一次飞跃发生在新民主主义革命时期，中国共产党人探索出中国特色的革命道路，形成了毛泽东思想；第二次飞跃发生在党的十一届三中全会之后，通过对中国特色社会主义道路建设的探索，中国共产党人创立了中国特色社会主义理论体系；第三次飞跃是党的十八大以来，以习近平同志为主要代表的中国共产党人创立了习近平新时代中国特色社会主义思想。下面对毛泽东、邓小平、江泽民、胡锦涛和习近平关于思想政治教育以文化人的重要论述进行梳理。

1. 毛泽东关于思想政治教育以文化人的思想

在领导新民主主义革命和社会主义建设的过程中，毛泽东高度重视思想政治教育的以文化人作用，面对不同教育对象，紧密围绕不同时期的中心任务，创造性地运用思想政治教育开展以文化人工作，极大地丰富了思想政治教育理论和实践。

毛泽东关于思想政治教育以文化人的思想是同其文化观内在关联的。文化的本质是文化观中的核心问题，内涵问题在于中国近代文化的特征及现实意义，根本宗旨在于如何进行文化建设，实现目的在于思想政治教育的以文化人。

关于文化本质的论断是文化观的核心问题。在《新民主主义论》中，毛泽东以民族化和大众化的语言对社会存在和社会意识的关系问题做了进一步说明："一定的文化（当作观念形态的文化）是一定社会的政治和经济的反映，又给予伟大影响和作用于一定社会的政治和经济；而经济是基础，政治则是经济的集中的表现。"②

五四运动以后，"中国产生了完全崭新的文化生力军，……就以新的

---

① 刘少奇. 刘少奇选集（上卷）[M]. 北京：人民出版社，1981：335.

② 毛泽东选集（第二卷）[M]. 北京：人民出版社，1991：663–664.

装束和新的武器，联合一切可能的同盟军，摆开自己的阵势，向着帝国主义文化和封建文化展开了英勇的进攻"①。如此，作为无产阶级立场学说的共产主义的世界观和社会革命论就成为对新民主主义革命促进作用的积极力量，也是这一阶段最主要的思想引领。而在新中国建立后，从新民主主义社会时期到社会主义社会探索建设时期，以文化人的思想政治教育方式都得到了较大发挥与运用。毛泽东这一时期更注重从制度建设、干部建设、文艺建设等方面完善以文化人的思想政治教育。

通过进行社会主义的文化建设，实现思想政治教育以文化人，是毛泽东文化观的根本宗旨。社会主义的文化建设，其概念本身就包含"破"和"立"两个维度，破除封建文化、帝国主义殖民文化、以及官僚资本主义文化等腐朽文化，创立新型的面向人民大众服务的社会主义文化，这一过程的实现本身就处于动态的改造中。而进入社会主义社会探索阶段时期，毛泽东则基于中国共产党已经取得的执政地位，在建构的意义上谈论文艺工作。"百花齐放、百家争鸣"和"古为今用、洋为中用"的方针归根结底是要探索出适合中国国情的社会主义先进文化，新式教育制度和干部建设是调动一切积极因素为繁荣人民大众喜闻乐见的社会主义文化作保证。

社会政治、经济关系的复杂性决定了文化的多样性，文化对前者的反作用也不可能完全是正向的积极作用，由此文化的取舍对于思想政治教育以文化人的有效性发挥来说就显得尤为重要。中国共产党在对人民群众进行的思想政治教育时，所运用的思想观念、政治观点、道德规范等精神文化本身必然带有阶级立场的导向性。毛泽东作为党的中央第一代领导集体的核心，自觉运用马克思主义文化观，对思想政治教育的地位和作用做出了科学概括，着力强调思想政治工作的"生命线"地位，使思想政治教育的有效性与主体性在统战需要的条件下也能够得以充分的发挥。

2. 邓小平关于思想政治教育以文化人的思想

基于时代提出的挑战，邓小平的文化观应运而生，又在改革开放的伟大实践中和真切问题相结合，形成了邓小平关于思想政治教育以文化人的思想。其逻辑起点在于对"文革"狭隘文化观念的思想解放，挑战在于改

---

① 毛泽东选集（第二卷）[M]. 北京：人民出版社，1991：697.

革开放过程中如何正确处理西方思潮对人民的影响，核心在于提出了建设社会主义精神文明的概念，直接要求在于提出"四有"新人的目标。

邓小平关于思想政治教育以文化人思想的逻辑起点正是基于现实的诉求，基于改革开放的伟大实践需要在思想上厘清道路，破除迷信。文化需要服务于思想解放和自我意识的觉醒，才有利于调动一切积极性发展生产力，让中国人民富起来。

文化作为一种政治和经济的反映，又在一定条件下对政治和经济产生反作用，如何把控好文化对社会的反作用，最大程度发挥文化有利于统治阶级导向服务的效果，是思想政治教育以文化人的本义所在。"文革"时期，思想文化并非对政治和经济毫无作用，相反的是正是思想界的"文化革命"造成了社会面貌的改变。但按照唯物史观，社会存在决定社会意识，实现人自由全面的发展才是马克思主义最本真的追求。

改革开放后，人的思想观念受到对外开放和交往的影响，既包括实践变化对思想观念根源的深层影响，也包括开放后外国思潮入侵对文化的影响。邓小平在多个场合强调要坚持四项基本原则，实质上就是坚持中国社会的社会主义性质不变。邓小平同样看到了文化的力量，并且敏锐而正确地判断出只有发展中国特色社会主义先进文化才能够应对西方文化的入侵。对西方意识形态入侵的回应，一方面是建设社会主义先进文化的要求，另一方面也是对思想政治教育以文化人的挑战。

1980年底，在中央工作会议上，邓小平指出要加强对于学生的人生观教育和道德教育，"要加强各级学校的政治教育、形势教育、思想教育，包括人生观教育、道德教育"①。邓小平谈到社会主义精神文明建设问题时，初步概括了"四有"新人的目标："要努力使我们的青少年成为有理想、有道德、有知识、有体力的人，使他们立志为人民作贡献，为祖国作贡献，为人类作贡献，从小养成守纪律、讲礼貌、维护公共利益的良好习惯。"②在谈到个人利益与国家利益和集体利益的关系时，邓小平指出："每个人都应该有他一定的物质利益，但是这决不是提倡各人抛开国家、集体和别人，专门为自己的物质利益奋斗，决不是提倡各人都向'钱'看。要是那样，

① 邓小平. 邓小平文选（第二卷）[M]. 北京：人民出版社，1994：369.
② 邓小平. 邓小平文选（第二卷）[M]. 北京：人民出版社，1994：369.

社会主义和资本主义还有什么区别？我们从来主张，在社会主义社会中，国家、集体和个人的利益在根本上是一致的，如果有矛盾，个人的利益要服从国家和集体的利益。为了国家和集体的利益，为了人民大众的利益，一切有革命觉悟的先进分子必要时都应当牺牲自己的利益。我们要向全体人民、全体青少年努力宣传这种高尚的道德。"[1]邓小平指出建设有中国特色社会主义时一定要坚持物质文明和精神文明并举，并教育青少年做到有理想、有道德、有文化、有纪律。1985年3月，邓小平指出："一定要坚持发展物质文明和精神文明，坚持五讲四美三热爱，教育全国人民做到有理想、有道德、有文化、有纪律。我们一定要经常教育我们的人民，尤其是我们的青年，要有理想。为什么我们过去能在非常困难的情况下奋斗出来，战胜千难万险使革命胜利呢？就是因为我们有理想，有马克思主义信念，有共产主义信念。我们干的是社会主义事业，最终目的是实现共产主义。这一点，我希望宣传方面任何时候都不要忽略。"[2]

建设社会主义精神文明是邓小平以文化人思想的核心概念，培育"四有"新人是邓小平以文化人思想的直接要求，这二者具有内在统一性。如何实现个人和社会之间关系的连接，就需要以"四有"新人的标准来要求每个人。理想、道德、文化、纪律成为公民最基本的思想规范，每个主体达到了最基本的标准和要求，整体社会的精神文明才能有较好的创建空间。而文明在主体性是上广泛的社会概念，一定的文明需要一定的社会群体共同创造。

3. 江泽民关于思想政治教育以文化人的重要论述

以江泽民同志为核心的党中央不断根据时代特征和实践需要进行理论创新，科学阐明了建设中国特色社会主义文化的理论框架，同时，通过"三个代表"重要思想进一步明晰了如何建设中国特色社会主义文化的重大问题，在毛泽东思想以及邓小平关于社会主义精神文明建设理论的基础之上，形成了既一脉相承又独具特色的文化观，对思想政治教育以文化人具有重要的指导意义。

江泽民根据新时期的形势变化，在继承毛泽东和邓小平文化观理论基础上，对思想政治教育以文化人进行了新的运用与发展，建立在以发展作

① 邓小平. 邓小平文选（第二卷）[M]. 北京：人民出版社，1994：337.

② 邓小平. 邓小平文选（第三卷）[M]. 北京：人民出版社，1993：110.

为综合国力重要体现的文化软实力的总体构架之上，包括以对邓小平理论的继承与创新为基本依据，以重视党的文化领导权为核心内容，以发挥文化生产力为实现方式。

1997年6月，江泽民强调，思想政治工作及德育工作都要引导学生树立正确的世界观、人生观和价值观，把他们培养成为"有理想、有道德、有文化、有纪律的公民"①。江泽民通过对"四有"新人内涵的双向发展，将社会主义精神文明建设推进到更加具体的层面，加强了思想政治教育以文化人的有效性。

除在宏观上对邓小平理论进行继承与发展外，江泽民还充分重视党的建设所起到的文化领导权作用。2000年2月，江泽民指出："总结我们党七十多年的历史，可以得出一个重要的结论，这就是：我们党所以赢得人民的拥护，是因为我们党在革命、建设、改革的各个历史时期，总是代表着中国先进生产力的发展要求，代表着中国先进文化的前进方向，代表着中国最广大人民的根本利益，并通过制定正确的路线方针政策，为实现国家和人民的根本利益而不懈奋斗。"②这是对"三个代表"重要思想的初步论述，同年的"七一"讲话中，江泽民再一次强调了"三个代表"重要思想的要求"是我们党保持先进性、始终成为建设有中国特色社会主义坚强领导核心的基本要求，……"③。作为一种党建思想，"三个代表"重要思想强调只有在经济、文化和阶级上都代表人民根本利益的政党才能立于不败之地。其中"代表中国先进文化的前进方向"是思想政治教育以文化人的集中体现。中国共产党应当牢牢把握文化领域的话语权，在总结党的历史经验的基础上，于开放性、多元性社会中保持思想的独立性和引导性，坚持"报纸、广播、电视等是党、政府和人民的喉舌"④，赢得文化战线的

① 中共中央政策研究室，中共中央文献研究室，编. 江泽民论加强和改进执政党建设（专题摘编）[M]. 北京：中央文献出版社，研究出版社，2004：38.
② 中共中央文献研究室编. 江泽民论有中国特色社会主义（专题摘编）[M]. 北京：中央文献出版社，2002：577.
③ 中共中央文献研究室编. 江泽民论有中国特色社会主义（专题摘编）[M]. 北京：中央文献出版社，2002：582.
④ 中共中央文献研究室编. 江泽民思想年编（一九八九——二零零八）[M]. 北京：中央文献出版社，2010：14.

胜利。

江泽民认为,思想政治教育以文化人的实现最终是通过发挥文化生产力的方式实现的。发挥文化生产力包括两个方面的内容,即发展文化产业和优化人才资源。发展文化产业,首先要把握文化产业的社会主义性质和方向;其次,应当为发展文化产业创造更适宜的制度环境。而优化人才资源是一种更加充分调动生产要素的方式,继1995年江泽民在全国科技大会上提出了"科教兴国"战略后,2000年中央经济工作会议又首次提出"要制定和实施人才战略"[①],这表明我国特别重视发挥经济增长结构中的科技和人才要素。因此,通过培育人才来促进文化的创新与发展,再通过文化提升国家的文化软实力,而文化软实力又反过来促进人的全面发展,形成的良性发展循环是实现思想政治教育以文化人、通过文化实力提升综合国力的基本要求。

4. 胡锦涛关于思想政治教育以文化人的重要论述

从党的十六大到十八大,以胡锦涛为总书记的党中央面对国际国内形势的新变化,深入贯彻落实科学发展观,从中国特色社会主义事业全局的高度,与时俱进,开拓创新,对文化建设作出了一系列重大理论阐述和决策部署,走出一条中国特色社会主义文化发展道路。这些是对思想政治教育以文化人的具体化成果。

在以文化人的地位和重要性上,胡锦涛强调高等教育作为优秀文化传承的重要载体和文化创新的重要源泉,要始终重视和积极发挥文化育人的作用。在实现的方式上,要把加强社会主义核心价值体系建设作为重要任务,在掌握前人所积累的文化成果的基础上,"扬弃旧义,创立新知,并传播到社会、延续至后代"[②],从而使高校不断培养出崇尚科学、追求真理的思想观念,从而推动社会主义先进文化建设。在以文化人的思想政治教育内容上,胡锦涛强调要着力建设社会主义核心价值体系,发挥以文化人的推动作用,实现思想政治教育的以文化人作用。在以文化人的思想政治教育主体上,胡锦涛特别强调了未成年人思想道德建设和大学生思想政治教育

---

① 江泽民.论"三个代表"[M].北京:中央文献出版社,2001:93.

② 胡锦涛.在庆祝清华大学建校100周年大会上的讲话(2011年4月24日)[M].北京:人民出版社,2011:9.

两方面。一方面，未成年人是祖国未来的建设者，是中国特色社会主义事业的接班人，党中央高度重视未成年人思想道德建设。《关于进一步加强和改进未成年人思想道德建设的若干意见》（中发〔2004〕8号）明确要求把弘扬和培育民族精神作为思想道德建设极为重要的任务，将爱国主义教育、革命传统教育、中华传统美德教育和民主法制教育整合成德育资源。将上述内容有机融入各门课程、社会实践和校园文化建设，让学生们从多层面多角度感受文化，以文化人。同时，各类大众媒体在推动未成年人思想道德教育中营造了良好的舆论氛围，各类媒体积极传播先进文化，倡导文明风气，全社会积极参与到净化社会文化环境的工作中，营造了有利于未成年人健康成长的良好环境。另一方面，大学生是国家宝贵的人才资源，大学生的思想政治状况、道德品质、科学文化素质直接关系到中华民族的发展，关系到党和国家的前途命运。2005年，胡锦涛在全国加强和改进大学生思想政治教育的工作会议上强调，高校要坚持学校教育、育人为本，德智体美、德育为先，全方位推进大学生思想政治教育，多方面促进大学生全面发展。大学生思想政治教育的以文化人主要包括两方面内容，一方面是以爱国主义教育为重点，强化民族精神教育，增强民族自尊心、自信心、自豪感的引导；另一方面是以基本道德规范为基础，强化公民道德教育，引导自觉遵守基本道德规范，养成良好的道德品质和文明行为。在以文化人的原则上，要坚持解决思想问题与解决实际问题相结合，既以理服人又以情感人。还要坚持继承优良传统与改进创新相结合，坚持党的思想政治工作的优良传统，积极探索新形势下大学生思想政治教育工作的新途径新办法。在以文化人的思想政治教育环境上，胡锦涛强调要构建和谐社会实现以文化人。2006年10月，《中共中央关于构建社会主义和谐社会若干重大问题的决定》（中发〔2006〕19号）部署了和谐社会建设的五个方面，"建设和谐文化"为其中一个方面，以建设社会主义核心价值体系作为新时期人民群众思想观念教育的切入点，着力注重提升思想道德素质，形成了和谐社会构建过程中以文化人的基本着力点。

5. 习近平关于思想政治教育以文化人的重要论述

在新时代背景下，以习近平同志为核心的党中央结合当前的中国社会时代特点和发展实际，围绕建设中国特色社会主义文化事业与精神文明提出了一系列新思想、新观点和新论断，体现了中国共产党作为执政党在面对改革开放带来的多元文化思潮局面时表现出的高度文化自觉和文化自信。

（1）习近平关于新时代中国特色社会主义文化建设的重要论述

在党的十九大报告中，习近平指出："文化是一个国家、一个民族的灵魂。文化兴国运兴，文化强民族强。"①这一论述高度强调了文化在国家、民族发展中的重要地位和作用。"没有高度的文化自信，没有文化的繁荣兴盛，就没有中华民族伟大复兴。要坚持中国特色社会主义文化发展道路，激发全民族文化创新创造活力，建设社会主义文化强国。"②实现中华民族伟大复兴，是中国共产党人和全体中国人民近百年来共同奋斗的伟大目标。要实现这个伟大目标，建设繁荣兴盛的文化至关重要。从党的十九大报告中的相关论述可以凝练为：激发全民族文化创新创造的活力、坚定中国特色社会主义文化的发展道路、建设社会主义文化强国。这是新时代背景下习近平总书记关于社会主义文化发展的总思路。

关于新时代中国特色社会主义文化内容。习近平在党的十九大报告中进行了界定："中国特色社会主义文化，源自于中华民族五千多年文明历史所孕育的中华优秀传统文化，熔铸于党领导人民在革命、建设、改革中创造的革命文化和社会主义先进文化，植根于中国特色社会主义伟大实践。"③基于此，中国特色社会主义文化是就是中华民族的文化，是由中华优秀传统文化、革命文化和社会主义先进文化三个部分组成。

关于如何发展新时代中国特色社会主义文化。习近平提出了明确要求："就是以马克思主义为指导，坚守中华文化立场，立足当代中国现实，结合当今时代条件，发展面向现代化、面向世界、面向未来的，民族的科学的大众的社会主义文化，推动社会主义精神文明和物质文明协调发展。要坚持为人民服务、为社会主义服务，坚持百花齐放、百家争鸣，坚持创造

① 习近平. 决胜全面建成小康社会 夺取新时代中国特色社会主义伟大胜利——在中国共产党第十九次全国代表大会上的报告 [N]. 人民日报，2017-10-28.

② 习近平. 决胜全面建成小康社会 夺取新时代中国特色社会主义伟大胜利——在中国共产党第十九次全国代表大会上的报告 [N]. 人民日报，2017-10-28.

③ 习近平. 决胜全面建成小康社会 夺取新时代中国特色社会主义伟大胜利——在中国共产党第十九次全国代表大会上的报告 [N]. 人民日报，2017-10-28.

性转化、创新性发展，不断铸就中华文化新辉煌。"① 这一总要求明确了发展中国特色社会主义文化的指导思想，明确了发展中国特色社会主义文化的途径，明确了发展中国特色社会主义文化的性质，明确了发展中国特色社会主义文化的目的。

上述论述既是新时代中国特色社会主义思想中关于文化方面的主要内容，也是新时代思想政治教育以文化人的主要依据。

（2）习近平关于思想政治教育以文化人的重要论述

党的十八大以来，习近平针对党和国家发展面临的新形势，发表了一系列重要讲话，立足于思想政治教育以文化人发挥的重要社会作用，强调了新形势下加强思想政治教育工作的重要性，深刻回答了思想政治教育需要遵循的目标原则与理论方法，提出了诸多新思想、新观点和新论断，丰富并发展了思想政治教育理论，将思想政治教育以文化人提升到了一个新境界。

在目标指引上，习近平强调要树立中国梦的引领作用。相较于共产主义理想的宣传，中国梦的概念更加日常化，同人民群众的生活息息相关，更容易被人民群众所接受。2013年5月4日，习近平同志来到中国航天科技集团公司中国空间技术研究院，参加"实现中国梦、青春勇担当"主题团日活动，同各界优秀青年代表座谈并发表重要讲话。"中国梦凝结着无数仁人志士的不懈努力，承载着全体中华儿女的共同向往，昭示着国家富强、民族振兴、人民幸福的美好前景。"② 中国梦归根到底是人民的梦想，中国梦的凝聚作用体现在国家富强、民族振兴和人民幸福实现的一致性上。党的十九大报告指出："中国梦是历史的、现实的，也是未来的；是我们这一代的，更是青年一代的。"③ 以中国梦作为思想政治教育以文化人的目标，使马克思主义的中国化、民族化、大众化能够更深层次地发展。用中国梦引领时代潮流和改革开放，更能激发全国各族人民凝心聚力，为实现

① 习近平. 决胜全面建成小康社会 夺取新时代中国特色社会主义伟大胜利——在中国共产党第十九次全国代表大会上的报告 [N]. 人民日报，2017-10-28.
② 习近平在同各界优秀青年代表座谈时强调：在实现中国梦的生动实践中放飞青春梦想 在为人民利益的不懈奋斗中书写人生华章 [N]. 人民日报，2013-05-05.
③ 习近平. 决胜全面建成小康社会 夺取新时代中国特色社会主义伟大胜利——在中国共产党第十九次全国代表大会上的报告 [N]. 人民日报，2017-10-28.

伟大复兴的中国梦贡献力量，同时也为弘扬中国精神提供了途径，为凝聚中国力量搭建了平台，为践行中国道路奠定了思想基础。

在方法运用上，习近平强调要发挥社会主义核心价值观的育人作用。人们行为的选择同利益的取舍息息相关，而利益的辨别和认知又与价值观有着深层、内在的联系。自胡锦涛提出建立社会主义核心价值体系以来，价值观层面的教育就开始成为思想政治教育的主要着力点，并随时代的发展而不断更新。习近平指出："一种价值观要真正发挥作用，必须融入社会生活，让人们在实践中感知它、领悟它。要注意把我们所提倡的与人们日常生活紧密联系起来，在落细、落小、落实上下功夫。"① 要增强思想政治工作的时效性和针对性，就必须把握全面渗透原则，将思想政治工作与政治、经济、文化、社会建设相结合，满足工作对象的实际需要。而关于思想政治教育以文化人的渗透，习近平用"空气"进行了比喻："要利用各种时机和场合，形成有利于培育和弘扬社会主义核心价值观的生活情景和社会氛围，使核心价值观的影响像空气一样无所不在、无时不有。"② 这句话充分体现了习近平对思想政治教育以文化人作用的深刻认识——将思想政治教育渗透到人们工作、学习、生活的各个方面，营造氛围，共同作用。党的十九大报告强调："必须坚持马克思主义，牢固树立共产主义远大理想和中国特色社会主义共同理想，培育和践行社会主义核心价值观，不断增强意识形态领域主导权和话语权，推动中华优秀传统文化创造性转化、创新性发展，继承革命文化，发展社会主义先进文化，不忘本来、吸收外来、面向未来，更好构筑中国精神、中国价值、中国力量，为人民提供精神指引。"③ 而承载渗透育人作用的社会主义核心价值观，不仅是简单地在国家、社会、个人层面制定了一系列标准要求，更重要的是核心价值观的落实与教育应当同中国特色社会主义相结合，特别是民主、自由等概念区别于西方资产阶级宣扬的普世价值，应当带有社会主义的性质：民主是人民民主专政要求下的民主，自由是与义务相对等的权利。要使人民群众自觉意识到应当

① 习近平. 习近平谈治国理政 [M]. 北京：外文出版社，2014：165.
② 习近平. 习近平谈治国理政 [M]. 北京：外文出版社，2014：165.
③ 习近平. 决胜全面建成小康社会 夺取新时代中国特色社会主义伟大胜利——在中国共产党第十九次全国代表大会上的报告 [N]. 人民日报，2017-10-28.

遵守具有社会主义性质的核心价值体系，才能更好地发挥思想政治教育以文化人的作用。

在内容选择上，习近平强调要重视传统文化和革命文化的融合作用。文化自信的三个来源是习近平在思想政治教育内容理论上的重大创新。习近平在庆祝建党 95 周年的大会上指出："在 5000 多年文明发展中孕育的中华优秀传统文化，在党和人民伟大斗争中孕育的革命文化和社会主义先进文化，积淀着中华民族最深层的精神追求，代表着中华民族独特的精神标识。"[①] 首先，中华优秀传统文化是中华民族治国理政的思想渊源，并且"体现着中华民族世世代代在生产生活中形成和传承的世界观、人生观、价值观、审美观等，其中最核心的内容已经成为中华民族最基本的文化基因"[②]。正是在充分认识中华优秀传统文化重要性的基础上，习近平深刻诠释了运用中国优秀传统文化开展思想政治教育以文化人的重要性。习近平指出，中华优秀传统文化是对人们进行道德教育的"好教材"，是社会主义核心价值观的思想资源和文化根基，因此，要善于运用这本"好教材"，灵活运用其中蕴含的思想素材，以融合教育的方式推进思想政治工作发展。其次，习近平多次强调大力开展爱国主义教育，在思想政治教育工作中广泛开展党史国史教育。对人民群众进行党史国史教育，能够将个体的自我认同与国家的文化构建紧密结合，时代的相关性可以让人民群众更加真切地将自己放置于历史场域之中，实现精神的影响。而社会主义先进文化正是承前启后、继往开来的文化，它立足于当下实践，同前两种文化紧密相关，又继承发展，大大丰富了思想政治教育以文化人的内容生机。

在原则落实上，习近平强调，弘扬爱国主义精神，必须把爱国主义教育作为永恒主题，并将其融入到精神文明建设的全过程；必须坚持爱国主义和社会主义相统一，其目标都是为了实现国家富强和人民幸福；必须维护祖国统一和民族团结，教育引导全国各族人民珍惜民族团结，坚决维护国家主权，反对分裂国家、迫害民族团结的言行；必须尊重和传承中华民族历史和文化，以时代精神推动传统文化的创造性发展；必须坚持立足民

① 习近平. 在庆祝中国共产党成立 95 周年大会上的讲话 [N]. 人民日报，2016-07-02.

② 习近平. 在纪念孔子诞辰 2565 周年国际学术研讨会暨国际儒学联合会第五届会员大会开幕会上的讲话 [M]. 北京：人民出版社，2014：12.

族又面向世界，善于在不同文明中求同存异、交流互鉴，推进人类文明不断发展进步。[①]全球化的浪潮既是对外开放的必然要求，又是对各民族国家保持独立性的重大挑战。要使人民群众在面对全球化的多元文化面前有主体性的体现，必须发挥爱国主义的原则导向作用。一个国家、一个民族，只有真切意识到爱国主义的精神，才能在思想上凝聚在一起。

二、"立德树人"视域下高校校园文化建设发展的重要意义

高校校园文化是社会主义文化的重要组成部分，是社会先进文化产生的重要源头。它能促进科学思想萌生，同时也可以为社会先进文化的发展提供强大动力；它处于社会文化发展的最前沿，承担着引领社会文化发展的重要任务。高校校园文化建设为社会先进文化的发展提供了动力和支持。首先，优良的校园文化具有凝聚作用。大力发展校园文化，研究和宣传科学理论，可以使广大师生紧紧地团结在中国特色社会主义的伟大旗帜下，为中国特色社会主义事业的向前发展做出贡献。其次，校园文化又具有引导作用。大力发展校园文化，可以培养青年学生良好的思想道德品质。最后，校园文化还具有积极效应的辐射作用。大力发展校园文化，传播知识，培养人才，将为社会主义现代化建设提供坚强有力的支撑。

（一）时代的发展变化对高校校园文化建设与思想政治教育提出新要求

必须清楚地看到，加强高校校园文化建设与思想政治教育的互动是高等教育发展的必然趋势，同时也是一项刻不容缓的紧迫任务。高等教育的发展革新需要其加紧进行，校园文化建设和思想政治教育各方面工作的开展要求其提高互动的水平和质量，而大学生素质的全面发展同样亟需思想政治教育与校园文化建设的紧密互动。作为社会主义先进文化和思想政治教育的重点领域，高校应该积极行动起来，认清高等教育发展的新形势、新任务，贯彻落实中央的相关精神、政策，重视两者之间的有机联系，实

---

① 习近平在中共中央政治局第二十九次集体学习时强调：大力弘扬伟大爱国主义精神 为实现中国梦提供精神支柱 [N]. 人民日报，2015-12-31.

现两者间的充分互动，以此推动人才培养水平的提升。

1. 传播社会主义核心价值体系的必然要求

社会主义核心价值体系是社会主义意识形态的本质体现。一直以来，西方国家为了实现他们险恶的政治图谋，不顾其他国家尤其是发展中国家的反对，对外强制推行"文化全球化"，利用其经济和科技发面的发展优势，大力宣扬西方所谓的价值观，灌输"全人类共同价值观"，打着人权、宗教等幌子，在政治、经济、文化等方面任意施加压力、干涉别国内政。随着科技的高速发展，他们又紧紧抓住现代信息技术和国际互联网等先进工具，愈发大肆地将其价值观念、意识形态和政治制度以及腐朽的思想文化和生活方式输出、渗透给包括我国在内的广大发展中国家，妄图以此来淡化甚至削弱我们的马克思主义信仰，这种行径在一定程度上导致我国高校一些青年大学生出现价值取向、理想信念或行为规范上的迷惘、混乱甚至逆行，给高校思想政治教育工作造成了巨大的冲击和影响。因此，在多元文化冲击之下，高校思想政治教育工作必须大力加强主流思想文化，即社会主义核心价值体系的宣传与教育，引导青年大学生进行正确的文化甄别与选择。尽管校园文化独立于思想政治教育系统之外，但是它自身所具有的凝聚功能、导向功能、辐射功能和激励功能中却蕴藏着极强的思想政治教育内涵。

2. 应对社会思想文化多样化的迫切需要

当前，我国处于社会转型时期，市场经济体制改革不断深入。我国社会经济成分、组织形式、利益主体、就业方式等方面改革后出现的多样化不可避免地带来了价值标准多样化的产生，蕴含着传统价值观和评价标准的中国传统文化，其合理性与权威性受到了越来越多的挑战和质疑。这种多样、无序的社会文化状态无一例外地延伸到了高校校园之中，对于阅历尚浅薄、涉世不深的校园主体——大学生来说，不得不在各种文化和价值评价标准中进行判断和选择，这是一件很难的事情，他们非常容易陷入价值观的困惑和迷茫之中。多元文化冲击下的高校学生价值观引导，已不能完全依靠传统的思想政治教育模式和日渐泛化甚至"庸俗"的校园文化，只有实现两者的强力联合，实现活泼有力的互动，才能保持大学生理想信念的纯洁性和坚定性，使我国的社会主义文化信念继续得到青年人的认可和拥护。

（二）校园文化建设对高校自身发展具有重要意义

高校校园文化在大学这个特定的精神环境和文化氛围中，对于整个大学的生存和发展都具有指导意义，是学校建设的无形资产，与办学质量相衔接，是大学重要的可持续发展要素之一。一方面，高校校园文化作为全体师生员工创造的物质财富和精神财富的总和，体现了高校的办学水平和综合实力。另一方面，高校校园文化又是高校发展的动力和源泉，推动着学校不断进步和发展。随着高等教育的不断发展，高校之间的竞争也日趋激烈。高校之间的竞争是全方位的，相对于传统的教学质量、科研设施、办学规模等方面的竞争，校园文化的竞争更具有隐性特征，作用却十分明显。大力发展高校校园文化，一方面能巩固科学文化传播的成果，提高教学质量，另一方面，又能推动教育现代化，促进学校教学、科研和管理水平的提高，还可以进一步提升高校办学理念，打造优秀的教育品牌，最终推动高校整体实力的向前发展。

另外，高校校园文化建设对形成良好的高校文化氛围有重要意义。一方面，校园文化能促进学生对学校目标、规则章程达成广泛认同，并将自身视为学校一员，能感受到共同的使命感、自豪感、归属感，使整个高校形成强大的向心力，主要表现为：集体与个人的关系休戚与共；集体对个人有很强的吸引力；个人对集体有很强的认同感。良好的校园文化氛围对于学生来说，具有很强的影响力、促进力和约束力，能使学生个体在和谐、融洽的人际关系中，最大限度地挖掘内在潜力。另一方面，高校校园是个特定的文化区间，在这个区间内涌现出来的正面典型集中体现了青年学生的精神风貌、价值观念、思想道德素质和生活行为方式。在高校校园文化中凸显出的榜样，真实贴近广大青年学生的日常学习生活，其激励力量是十分巨大的。它既是高校校园文化建设中校园精神的生动体现，又是高校校园文化建设中校园文化的形象教材。它所产生的"共生效应"和"魅力效应"，是推动高校校园文化建设全面发展的动力和能源。充分发挥榜样的激励作用，对于弘扬正气、优化校风、培养高校校园精神、建设高校校园文化具有现实而深远的意义。

（三）校园文化建设是大学生成长成才的必然要求

1. 反映身心状态，促进大学生身心健康

联合国世界卫生组织曾对健康下这样的定义：健康不仅仅是没有疾病，而且是身体上、心理上和社会上的完好状态，即人的健康包括身体健康、精神健康和社会适应功能良好三个方面。随着市场经济的飞速发展，全面深化改革的深入，社会竞争日益激烈，各种矛盾凸显出来，一些负面的社会影响渗透到校园，在面临巨大的竞争压力和缺乏正确引导的情况下，很多大学生出现了严重的心理问题。

在大学阶段，处于青春期的大学生生理和心理都会迅速发展，有机体逐渐趋于成熟，个体心理也会由尚未完全成熟走向成熟。在这一转折阶段，由于生活环境、学习特点、人际关系等的重大转变会引起大学生的不适应而出现心理问题甚至是心理障碍。另外，西方各种思潮、不同的生活方式涌入校园，国内社会生活节奏越来越快衍生出各种思想观念，网络信息技术的飞速发展让辨识能力有待提升的大学生能不受时限地接收到这些信息，这些都造成了他们思想的混乱，进而造成心理问题。

高校校园文化作为一种倡导、传播正能量的群体文化，可以通过各种校园文化活动，比如大学生入学军训等集体活动，反映出大学生参与活动的积极性及出现的问题，这些为针对性地对其进行心理辅导提供了及时的信息和依据。同时，校园文化通过开展各种文化活动可以使大学生迅速融入校园生活，实现心理上的正常转变。校园文化蕴含的主导价值取向可以让大学生在错综复杂的文化乱象面前保持自我，其蕴含的积极向上的思想可以让大学生在面临挫折时调整心态、迎难而上，其蕴含的高尚道德品质可以让大学生在伦理道德考验时恪守情操，其蕴含的崇高理想信念可让大学生树立远大目标、不懈奋斗。校园文化通过自身潜移默化的熏陶特质，一方面能够及时反映大学生的身心状况，为高校开展健康教育提供依据，另一方面，能够直接作为一种手段促进大学生的身心健康。

2. 解答认知困惑，促进大学生自我认知

大学是青年大学生生理心理转向成熟的关键时期，是自我意识和自我认识形成、发展的重要时期。自我认知的形成和发展，是个体走向成熟的重要标志，通过习得自我认知，能让个体弄清楚"我是谁""我会怎样""我该怎么做"等问题，促使自我认同感的形成，懂得自我肯定和自我发展。大学生在与他人的比较中，既会发现自己的独特之处，也会发现自己与他人、群体的相似之点，从而达到对"我是谁"的一种确认。自我认知越进步，大学生对自己的关注也会越理性，他们会在社会交往和实践活动中，不断发现自己有待提升的空间，不断反思最终获得自我确认。然而，当前部分大学生还处于认知比较混乱的阶段，对于"我是谁""我会成为什么样""我该做些什么"等认识并不是很清楚，这直接导致他们认知上的困惑。解答认知困惑、引导认知功能是校园文化特有的教育特性，它在大学生获得关键的自我认知能力的过程中，扮演了重要的"助推器""教育者"的角色。

高校的校园文化具有意识形态性，是社会主义先进文化的组成部分。校园文化对大学生自我认知的引导功能首先体现在用社会主导的意识形态武装大学生头脑，其次通过蕴含其中的爱国主义精神和时代精神对大学生的认知和追求产生积极的指导作用。校园文化是一种远离世俗文化的高雅的文化，它蕴含的审美性不仅能陶冶大学生的审美情趣，更重要的是使大学生辨真假、知良善，主动远离假、恶、丑，追求真、善、美。校园文化的认知引导功能不仅可以使大学生坚持正确的价值导向、人生目标，而且可以培养大学生广泛的兴趣爱好，塑造活泼开朗的个性品质，养成文明礼貌的行为习惯，自觉追求高雅文化。

3. 锤炼道德品质，提升思想道德修养

高等教育不仅仅是传播文化、用知识武装头脑，更重要的是要锤炼道德品质，培育德才兼备、品德高尚的人。提高大学生思想道德修养，不仅是全面建成小康社会的要求，更是人的全面发展和党的教育方针的要求。当代大学生作为新时期高素质的人才，不仅需要牢固的科学理论知识，更需要有较高的思想道德修养，要做对社会有用的有才有德的人。校园文化通过一种潜移默化的教育熏陶作用，通过特有的物质文化、精神文化、制度文化、行为文化等因素锤炼大学生道德品质，使学生在参与校园文化的过程中学会做人做事，陶冶自己的道德情操，逐渐培育高尚的道德品质。在校园文化的陶冶下，学生的情感可以得到熏陶，思想可以得到正确的引导，性格可以得到培养，同时意志也可得到锻炼，最终实现大学生德智体美劳的全面发展，提升其综合素质，提高其思想道德修养。

4. 务实价值取向，形成正确的人生价值观

人生价值观是人对人生目的、意义和价值的根本看法和态度，指导着人生道路的方向。当代青年正处于人生成长关键时期，也是树立正确价值观的关键时期，正确的价值选择直接影响到青少年的健康成长和成才。人生价值观是行动的内在推动力，它指引着人们朝哪个方向前进、以何种方式奋斗、奋斗的目标等，不同的价值观会指引人们走向截然不同的道路：务实的价值取向会助推人生意义的实现，错误的价值观则会引人误入歧途、追悔莫及。当代大学生的人生价值观的选择和形成基本都是在学校生活中完成的，而价值观是校园文化的核心和灵魂，对校园文化具有统摄作用。每个大学校园文化都有自己的特色，但主流价值观是高度一致的，都倡导、传播积极健康的世界观、人生观、价值观，以各种显性和隐性的方式促使学生形成正确的价值观念、做出正确的价值选择。当今很多大学都把"塑造人格"纳入到校园文化建设理念，通过校园文化的力量，陶冶人、感染人、塑造人。在各种各样的校园文化活动中，大学生形成了集体主义价值观念，逐渐认同社会本位的价值取向，在价值行动上严格执行集体主义标准，向道德高尚的楷模看齐，积极要求进步，务实的价值取向和健康的价值观念也在校园文化熏陶中得到了强化。在校园文化潜移默化的教育影响下，大学生摒弃了好高骛远、华而不实的价值观念，以求真务实的态度对待生活、学习、人际交往和工作等；树立了正确的名利观、金钱观和苦乐观，逐步形成淡泊名利、坚守节气的人生态度，逐渐形成脚踏实地、坚持不懈的奋斗精神。

5. 坚定理想信念，实现人生价值

信仰是一种精神归宿，这种归宿包含着时代的理想与激情。"精神生活是以追寻人生意义和价值为取向的一种有为的存在方式，从根本上而言，精神生活是寻求意义的生活，是为人的存在灌输意义的生活，对人的生存意义的追求是个体人生乃至于整个人类社会发展的一以贯之的永恒不变的命题。"[1]坚定崇高的理想信念，务实生活目标，追求人生意义是青少年学习生活的重要课题，也是高校思想政治教育的重要内容之一。在坚持社会

---

① 郑永延. 中国精神生活发展与规律研究 [M]. 广州：中山大学出版社，2006：14.

主义先进文化的前提下，大学校园文化极大地丰富了学生的精神世界，同时也为社会主义和谐社会的建设提供了丰富的素材。校园文化的核心就是社会主旋律、社会共同理想，这些为社会、师生所认同的价值观、理想、信仰，具有无形的不可低估的凝聚力、向心力，把每一个成员的人格力量和智慧资源都凝聚在共同目标上，把自己的行为与国家的繁荣、社会的进步、学校的发展紧紧联系起来，使学生树立并坚定为社会主义现代化建设奋斗的崇高信念。

第四章 "立德树人"视域下大学校园文化建设发展的现状分析

新中国成立以来，随着教育事业的快速发展，大学校园文化建设也取得了长足进步，取得了很多富有时代特色、顺应时代潮流、符合国家发展需求的文化建设成果。进入新时代，国际国内形势更加复杂，改革进入攻坚克难的关键期，面对各种严峻挑战，大学校园文化建设出现了一些新问题及新的发展趋势。

一、"立德树人"视域下大学校园文化建设取得的成就

教育作为国之大计，尤其是高等教育的发展，与整个国家的前途命运紧密相关。从20世纪50年代院系调整，到90年代高等教育大规模扩招，经过长期探索和一系列举措，目前我国高等教育已经进入大众化阶段，大学校园文化建设也取得了很多可喜的成就。

（一）大学校园文化物质基础显著增加

恩格斯指出："人们首先必须吃、喝、住、穿，然后才能从事政治、科学、艺术、宗教等等；……"[①]可见物质条件是人们进行其他一切活动的前提和基础。改革开放四十多年来取得的巨大成就使得我国的财政收入不断增加，相应地投入在教育事业中的资金也逐年增多，从2012年开始，中央财政在教育性经费的支出上已经达到了国内生产总值的4%，基本达到发达国家水平。除了中央财政，各地方财政也根据当地经济发展的水平，对不少地方

---

① 中共中央马克思恩格斯列宁斯大林著作编译局编译. 马克思恩格斯选集（第三卷）[M]. 北京：人民出版社，2012：1002.

性大学增加了资金支持，这使国内很多大学的物质文化建设具备了强大的物质基础，在硬件设施和软件设施的建设方面都取得了引人瞩目的成果。一方面，硬件设施建设更加注重审美性与实用性兼容，并且也会有意识地附加更为丰富的教育内涵，比如在一些法学类院校中会修建象征法律公平正义的天平类雕塑，在航空航天类院校中则设计一些航天器造型的雕塑等，反映出很多大学在校园物质文化建设，尤其是景观建设方面已经开始进行有意识的塑造与建构。另一方面，越来越多的大学也开始更加注重对校园基础设施建设及空间布局的科学安排，作出较为长远的规划，以提高学校的办学实力，促进自身发展。这样，不仅为学生学习，教师教学与科研提供了便利条件，而且能够提高学校财政投入和基础建设的利用率。不仅如此，在很多大学内，校园人文环境中还包含一些标志性建筑，这些标志性建筑不仅见证和积淀了学校的历史，还凝聚了广大师生的思想精华，反映着大学校园客观物质环境的道德教育价值，甚至有些建筑物已成为国内外知名的旅游景点。从校园文化建设的角度来看，大学校园内的任何建筑物，不论其形态、功能如何，都构成了该校独一无二的客观物质环境，对生活其中的师生都具有教育、感染作用，凸显着学校本身的办学特色、历史传统。校园环境、校园文化和校园氛围的水平直接关系到人才培养的质量，关系到学校战略目标的实现。要高度重视校园建设，努力建设极具品味、环境优美、特色鲜明、适合学生生活和成长的新时代校园。就目前的大学校园文化建设看，在物质文化层面，随着资金投入的不断增多，绝大多数大学校园都建成了环境优美、设施齐全、功能完备的校园环境，这是大学校园文化取得的切实成果，值得肯定。

（二）大学校园文化精神内核日益清晰

大学校园文化的灵魂与核心就是该校的精神文化。一个学校的精神文化、风格特质越清晰，就越能够感染和教育自己的学生，使其成为符合学校培养目标的优秀人才。对一所大学来说，因为校园精神文化通常是通过校训、校风、校歌等载体得以呈现，因此很多学校在加强精神文化建设方面也会借助上述途径去廓清和凝练自己的精神文化内核。改革开放以来，我国的大学校园精神文化建取得了极为显著的成效，除了一些历史悠久的名校之外，很多新兴的普通院校也依据自身的办学层次和发展定位，积极开展精神文化建设。这些实践主要围绕两个方面展开：一是更加注重对大学精神的培养。大学精神是对所有高校所应具备的普遍性的精神品质的一种概括，是对大学在全社会文化系统中所占据的重要地位和引领功能的一种简称。培养大学精神就是要培养学生养成求真、求新、包容、独立的精神品格，从思维方式、价值理念、行为模式等多个方面影响和引导学生。二是除了对较为抽象的大学精神的培养涵育之外，在更加具有实操意义的层面上加强学风、教风、校风建设也是目前我国大学校园精神文化建设的一项重要任务。不少学校通过设计校徽、咏唱校歌、解释校训等丰富多彩的活动，帮助学生加深对自己所在学校的历史文化与办学宗旨的理解，继承、发扬和进一步充实学校的精神文化内核，最终形成更富特色的精神文化成果，使校园精神风貌焕然一新。

（三）大学校园文化制度建设成果丰富

一流大学的创建离不开科学、系统、完备的制度建设，因此，大学校园文化建设的重要内容之一就是以制度建设为载体，通过建构科学、完善、内涵丰富的制度文化来确立大学校园文化发展的方向。大学内的制度体系一般分为正式制度和非正式制度两大类。正式制度即学校统一进行行政管理的校务公开制度、学位授予和管理制度等，这些制度通常具有较强的强制性和普遍性，相对雷同；非正式制度则是各个学校根据自身办学特色和发展需求出台的各类更具针对性和实效性的实施方案、意见和准则等，相较于正式制度更容易体现一所大学在文化建设方面独特的育人宗旨和办学理念。近年来，制度文化建设在我国大学的实践中不断变得更加规范细致，小到师生及员工的行为准则、道德操守、学风教风，大到办学理念、办学方针、育人目标都在努力做到规范化、固定化和程序化。大学校园制度建设最主要的意义在于借助其一定的强制性和固定性，帮助广大师生尤其是青年学生养成良好行为习惯，是培养独立严谨、富有创造性的学习能力的重要保障。将学校的各项规定以制度的形式确立下来，就使得校园师生的言行举止或思想观念与校园制度规范发生冲突时，可以有清晰的参照标准来进行自我矫正、自我教育，最终使自身的言行和观念符合校园制度规范的要求。

由此看来，校园文化建设不仅要继续沿着社会主义先进文化的指导方向不断完善自身的制度体系，同时也要更加明确本校的发展特色、办学目标，使大学校园文化建设的制度架构更具有针对性和可操作性。

（四）大学校园行为文化建设健康发展

一方面，歌舞比赛、体育竞技、演讲辩论等传统的校园文化活动不断注入新鲜元素，同时政治性、学术性等活动逐渐增多与丰富，校园文化活动的层次与水平得以提升和发展；另一方面，不断涌现的各级各类学生社团为校园文化建设注入了巨大活力，网络文化成为校园主流文化的新生力量和重要载体。

（五）大学校园网络文化建设发展迅速

随着"互联网+"时代的来临，网络作为信息媒介已成为人们尤其是青少年生活中不可或缺的交流、学习、生活、娱乐工具。近年来，不少大学与时俱进，结合学校实际和上级要求，依托学校门户网站、特色主题网站、辅导员博客、官方微博、QQ群、BBS、微信平台、校内网络服务平台、网络社区平台、移动网络互动平台等不同载体，扎实做好校园网络文化建设，积极探索新媒体时代高校思想政治工作规律，创新工作思路、创新工作队伍、创新工作方法，打造出了各具特色的"第三课堂"育人平台，取得了很好的效果。例如，福建师范大学成立了学生服务联动协调中心，并开通了统一官方微博，集合与学生密切相关的职能部门的力量，通过新媒体打造高效率、快答复、一站式服务学生的"微"体系，为思想政治教育与校园文化建设的互动打下坚实基础；广西大学灵活运用新媒体，念好"活""熟""好""亮"四字经，建立了全覆盖、立体式的新媒体信息传播体系，建立了一批传播社会主义核心价值观的微博、微信平台，涌现出了一批弘扬社会主义核心价值观的大学生典型人物和实践活动；电子科技大学成立了教育大数据研究所，依托先进的大数据研究技术开发校园官方简历系统，从制度上将学生纳入社会诚信体系，培育大学生的诚信意识，从而促进了整个校园诚信氛围的形成，以实际措施和行动引导广大学生践行社会主义核心价值观；华中师范大学创新"数字化"迎新与入学教育，并有效地将思想政治教育融入到自助服务、志愿者帮扶和网上自主学习中，使广大新生在开学之初就铭记社会主义核心价值观的要求，为以后践行社会主义核心价值观奠定了坚实的基础；重庆大学高度重视校园网络文化建设，成立了思想政治教育进网络工作领导小组和网络文化建设与管理领导小组，不断加强网络思想政治教育，通过网上课堂、微电影大赛、网络师生交流、加强新媒体引导等方式，积极引领网络社会主义核心价值观的培育。通过这些案例，我们发现很多大学利用网络手段在思想政治教育与校园文化建设互动方面，取得了可喜的成绩。

二、"立德树人"视域下大学校园文化建设存在的问题

问题总是与成绩并存的。进入新时代，随着国际国内形势的深刻变化以及网络化、信息化的进一步普及，大学校园文化自身所具有的多元特性，虽然有利于先进文化的引入和传播，但同时也由于大学校园的开放性与包容性，使得社会多元文化对部分学生的思想产生了更加强烈和持久的冲击，他们在接受、理解和培育践行社会主义核心价值观等方面出现了一些亟待解决的思想问题。

（一）大学校园文化"立德树人"功能发挥存在的问题

为了获取第一手的真实信息，笔者根据四川师范大学校园文化"立德树人"功能发挥的相关问题设置了问卷，采取随机发放和网络调查的方法，共发放纸质问卷和网络调查问卷 300 份，回收问卷 286 份，回收率95.33%。

为了进一步明确大学生日常参加文化活动的情况，笔者从学生参与大学校园文化活动的类型、参与活动频率，大学校园文化对学生的影响这三个方面设计了问卷，并对其结果进行了简要分析，整理出如下问题。

1. 大学校园文化建设与思想政治教育互动存在问题

（1）大学校园文化建设与思想政治教育互动的自觉意识有待提升

应该说，绝大部分大学对校园文化建设与思想政治教育二者的重要性与必要性具有充分的认识，积极落实中央下发的有关文件作为依据和参考，制定相关措施，具体指导开展大学校园文化活动与思想政治教育工作。但与此同时，我们也看到，部分大学将校园文化建设与思想政治教育有意无

意地看作两个并列的主体,对校园文化建设与思想政治教育相互结合、渗透、作用以及影响的关系认识不足,缺乏对二者良性互动的认识或是自觉意识不到位,因此导致在这些大学中校园文化建设与思想政治教育的良性互动没有科学、系统地开展起来。

（2）大学校园文化建设与思想政治教育互动缺乏环境氛围

任何活动的开展都需要一个合适的环境,良好的环境氛围是活动开展的必要保障。但遗憾的是,校园文化建设与思想政治教育工作的互动目前恰恰缺少良好的社会环境和校园环境。不仅是外界社会,包括大学自身在内,由于缺少互动观念都还没有形成校园文化建设与思想政治教育互动的舆论氛围。大家都在提如何加强校园文化建设、如何改进新时代的思想政治教育工作,但就是没有太多的人看到校园文化建设与思想政治教育的互动是促进双方各自向良性发展的最有利途径。在环境氛围不利的情况下,校园文化建设与思想政治教育的互动被关注、被支持的力度是值得深思的。

2. 素质教育助力不足

习近平对教育工作提出明确要求:"深化教育改革,推进素质教育"[1],这也是我国提高人才培养质量的根本途径。素质教育就是注重学生各个方面的兴趣、人格、人文的培养。大学生素质教育包括很多方面,其中最主要的四个方面是政治素质教育,创新素质教育,专业素质教育,身心素质教育。在调查中,有38.89%的大学生认同校园文化对自己的专业素质有所提升,36.93%的学生认为提升了身心素质。学校举办各种体育活动如院级、校级的运动会、羽毛球、乒乓球比赛等各项赛事激励同学们加强身体锻炼,同时校内骑行社、轮滑社、街舞社等社团组织以及心理咨询、心理辅导机构也对学生的良好身心素质的培养发挥了很大作用。然而调查结果也显示,校园文化对大学生创新素质的教育及影响仅仅是13.07%,校园文化在学生政治素质方面的教育仅为11.11%。如何提高大学生的政治关注度,增强大学生的政治敏锐度,以此提高学生们的政治素质,是大学校园文化建设的重要任务。

---

[1] 中共中央文献研究室编. 习近平关于科技创新论述摘编 [M]. 北京:中央文献出版社,2016:111.

3. 理想信念教育是短板

"加强思想道德建设。人民有信仰，国家有力量，民族有希望。"[①] 党的十九大明确指出了理想信念的重要意义。笔者调查了大学生通过大学校园文化获得理想信念教育的效果：选择"很好""一般"这两个选项的人数分别占 16.67%、34.97%，说明大部分大学生通过校园文化强化了自身的理想有信念，并且能够把个人的理想与社会的发展需求相结合；选择"没有效果""不太明显"的人数却占 17.65%，30.72%。由于利己主义、功利主义、享乐主义、消费主义等价值观在部分大学生中滋生蔓延，大大削弱了大学校园文化的育人功能。

4. 校园制度欠缺人文管理

好的制度能让坏人干不了坏事，相反，不好的制度能让好人变坏。校园制度文化建设对于协调大学内部的人际关系具有十分重要的作用。良好的校园制度是高效管理的保证，用制度将各种资源、要素有机结合起来，可发挥最大的合力，反之亦然。不当的校园建筑风貌和得不到学生认可的校园制度，则会降低校园师生的凝聚力。对校园制度的认可是促进学校持续发展的保障，良好的制度是学校意志和学生意志的统一。其文化内涵不仅要得到学校领导和老师认可，更要被学生认可。而提高制度文化的认可度，就需要发挥学生参与制度建设的主动性，使校园制度的制定更加民主。如果校园制度的制定过程不考虑学生建议，很可能会招致学生们的反感甚至抵触。如黎明职业大学每年举行"青年之声"校领导见面会，由学生代表同学校领导畅谈学校发展、建设，这种方式高效合理地解决了学生学习生活中的问题，利于构建团结、和谐、文明的校园氛围。制定学校制度，要让学生参与其中，让学生有话语权，这样制定出的校园制度才能被广泛认可，才能由上而下地顺利推进。由此形成从领导、老师到同学的上下一心的精神合力。

5. 学术氛围有待提升

思想政治教育追求的"一"和学术研究追求的"多"是不冲突的。高效的思想政治教育和学术之间的关系，应该是一体多元，而不是只讲多元

---

① 习近平. 决胜全面建成小康社会夺取新时代中国特色社会主义伟大胜利——在中国共产党第十九次全国代表大会上的报告 [N]. 人民日报，2017-10-28.

不讲"一"。真正好的学术研究，都具有思想理论教育功能。这就需要我们赋予思想政治教育更多的学术含量，在优秀作品的创作中体现国家的价值关怀，体现学术研究和思想政治教育的统一。如谭其骧先生主编的《中国历史地图集》，既可以说是学术研究读本，也可以说是思想政治教育读本，人们在翻阅中会激发对国家的忠诚与热爱。

关于大学学术氛围的调查结果如下：认为校园学术文化氛围非常浓厚的学生占 31.7%，认为比较浓厚的学生占 33.33%，认为不太浓厚的学生占 25.49%，认为不浓厚的学生则占 9.48%。学术氛围对大学高层次人才的培养与科研创新起着极其重要的滋养作用，对提升大学生抵御庸俗文化的腐蚀、提升其品格有重要意义。

6. 课堂教育与社团活动冲突

大学生社团是大学生依据自由的、尊重自我意愿的原则组成的，具有自由性和群众性的学生组织。在这样的活动平台中，能够发挥学生特长，提升学生的参与兴趣和积极性。大学生社团是一个大舞台，一个大熔炉，学生们可以在这里锻炼、成长，提高自身的全面素质，为今后进入社会创造良好条件。社团活动可以让参与其中的学生将知识转化为实践，弥补了课堂教学的不足。随着精英教育转为大众教育，在校大学生数量的激增，大学生社团组织的数量也随之迅速增加，社团组织在推动大学生思想政治教育工作以及提高大学生素质教育方面发挥着重要的作用。笔者通过调查发现，社团活动占据了学生很多课余时间，有时甚至挤占课堂学习的时间：认为社团工作经常影响学习的占 34.31%，而认为有时社团工作会影响学习的学生占 45.10%，两者相加超过 60%；认为不会因社团工作影响学习的学生仅占 20.59%。结果表明，绝大多数同学都曾被社团工作耽误学习，这其中不乏因社团事务分散精力过多、导致学生挂科的案例。过多的社团活动占据了学生更多的时间和精力，也冲击了正常的课堂教学，学生逃课参加社团活动的现象比比皆是，老师们因此也怨声载道。充分发挥社团育人功能的同时，如何协调好正常的课堂教学与学习，是当前一个重要的研究课题。

7. 传统文化没有引起足够重视

习近平指出："中华文化是我们提高国家文化软实力最深厚的源泉，是我们提高国家文化软实力的重要途径。要使中华民族最基本的文化基因与当代文化相适应、与现代社会相协调，以人们喜闻乐见、具有广泛参与性的方式推广开来，把跨越时空、超越国度、富有永恒魅力、具有当代价值的文化精神弘扬起来，把继承传统文化又弘扬时代精神、立足本国又面向世界的当代中国文化创新成果传播出去。"①这一论述完全符合大学校园文化建设的目标、要求与内容。大学对传统文化的承载、传播、吸收与创新功能需要进一步强化，在日常思想政治教育工作中，将优秀传统文化引入思想政治教育教学内容中，引导学生树立正确的价值观，帮助学生学会理性思考，从而能够明辨是非，进行正确的价值判断。笔者通过调查发现，部分大学生的文化底蕴不足，对于传统文化的认知、对于传统文化的自豪感与认同感较低。大学应当注重在校园文化活动中提高对中国传统文化的宣扬。

（1）传统文化认知不清

为了解清楚当代大学生对中国传统文化的内涵认知情况，笔者对大学生的传统文化认知进行了调查，情况不容乐观：被调查的大学生中有许多能够背诵一些古诗词篇章（占 71.24%），但是能够背诵的数量有限；对于"国学"典籍中的一些名句有 48.37% 的人能够背诵，但是掌握的数量有限；对于传统文化艺术的掌握，只有 27.78% 的大学生表示能够演示，根本达不到专业的程度；在问及"现代礼仪与古代礼仪存在联系吗"这一问题时，有 50.12% 的大学生认为不存在联系。部分大学生对经典传统文化的认知不清楚，甚至有些同学对传统文化中的精华和糟粕并不加以分别，他们把所有中国传统文化都视为封建老旧思想，认为这些文化都应当剔除。

（2）过分崇拜外国文化

当问及喜欢哪种动漫社团时，受调查大学生大多喜欢中国动漫社团，占 49.02%；喜欢日本动漫社团的高达 35.95%，喜欢美国动漫社团的学生占 15.03%。喜爱美、日文化的大学生总和竟然近半，令我们陡然产生了严峻感。多元文化的冲击及其观念的多元、碰撞、裂变、重组，使部分大学生失去稳定感，变得难以认同，无所适从。于是"精日""美分"团体出现了。"精日"即"精神日本人的简称"，是对日本文化极端崇拜的人群，他们

---

① 中共中央文献研究室编. 习近平关于全面建成小康社会论述摘编 [M]. 北京：中央文献出版社，2016：109.

在精神上把自己视同为日本人。这些人对日本军国主义盲目推崇，亵渎自己国家和民族的历史文化。而"美分"则是"精神美国人"，他们污蔑中国，抬高美国，吹捧他们心中的美式民主，比如叫嚣"美国的月亮比中国圆"。这些现象的出现，恰恰反映了部分学生对中国传统文化的重视程度不够。

（二）大学校园文化建设存在的问题

1. 物质环境建设投入力度不够

（1）大学对校园物质环境的德育作用认识不足，且校园物质环境建设缺乏文化内涵

大学校园的物质环境不仅是大学正常运转的物质基础，也是大学校园文化建设的物质基础，物质环境的建设能够在无形之中营造出一种文化氛围，熏陶学生的心灵。在回答"您对本校校园物质文化建设的看法？"问题时，39.3%的同学认为学校的建筑设计普通、没有内涵。大学的校园建设面积较大，学生奔走于宿舍、教室、图书馆、食堂、操场等花费时间较长，学生有更多的时间感受校园环境，但是有些大学仅重视物质环境和设施的实用性却没有认识到物质环境的德育作用，建筑设计没有亮点、缺乏内涵，不能吸引学生的注意力，也不能发挥对大学生的德育作用。近些年，随着高校不断地扩大招生，大学需要容纳更多的学生，很多大学翻新改造或者是建造新的校区，但由于大学对校园物质文化建设的认识不足，大多建筑设施缺乏内涵、没有特色，甚至有雷同的现象。这种单纯追求物质条件改善的行为应该说是非常缺乏必要的文化考量，尤其近些年来很多地方大学为了凸显学校的办学实力，对校门进行不必要的大修，甚至出现很多奇怪的并不美观的造型，华而不实，反而有哗众取宠之嫌，这就背离了大学在物质条件改善和基础设施建设过程中最终想要实现校园文化建设的目标，一味追求华丽宏伟，丧失了真正厚重的文化底蕴。

（2）投入经费和精力不够充分

一些大学认为环境设施是学生学习生活的物质基础，不出现质量、安全问题就可以，很少投入更多的财力和精力来建设校园文化，一些大学的建筑老化、没有特色。在关于"您认为加强校园文化建设环境，教学楼、宿舍、餐厅、图书馆等设施方面哪些有待改善？"的问题中，88.6%的同学们希

望得到改善的是宿舍环境，反映了大学对于物质环境建设投入的精力和财力不够。

2. 精神文化建设凝聚力不足

（1）有些大学未凝练出自己独特的大学精神

大学校园的精神文化往往通过校风、校训、校史、校歌、班风、学风等形式表现出来。大学虽然都有校训，但是并未被同学们所熟知，对学生的影响力不是很大，反映了大学精神缺乏独特之处，且缺乏凝聚力。

大学精神教育旨在将具有强制性的教育信息融入带有教育意图的环境中，通过学生自主、积极地开展自我教育，以不知不觉、悄无声息的方式，对学生开展思想启迪、情感陶冶、价值塑造、行为养成等实践活动，从而实现教育目的。教育环境的营造和改善是大学精神教育的基本保障。校园物质环境和制度环境与大学精神内在同构、相互支持，以巨大的情感陶冶力、行为约束力、文化感染力，推动着大学精神教育工作的开展。调查结果表明：大学精神教育缺乏有力的物质环境和制度环境保障，从而弱化、消解了大学精神的育人功能。

① 大学精神与校园物质环境融合不够

学校教育目的的实现，很大程度取决于学校创设的教育环境，而教育环境的品质又极大地影响到学校培养的人的品质。校园建筑物的合理布局、完善的基础设施、品位高雅的人文景观不仅构成了优美的校园物质环境，也为学生的精神成长创造了独特的文化氛围，每一面墙、每一处花草树木、每一座雕塑无不诉说着历久弥新的大学故事，传递着学校的价值观念，形成了富有教育力量和影响力的环境文化。

在问卷调查中，当问及"您认为优美的校园环境能提升您的审美观、陶冶您的情操吗？"时，调查结果显示，有47.58%的学生认为"非常能"，48.15%的学生认为"比较能"，2.56%的学生认为影响较弱，1.71%的学生认为没有影响。这些数据表明，大部分学生都认可优美的校园环境对于提升人的审美旨趣的重要作用，但也有一部分人忽略了环境文化的教育意义。

学校的雕塑、石刻、纪念碑等人文景观承载着大学人在长期的教育实践中沉淀的思想观念、价值取向、审美情趣，对于育人启智有着重要的教育力量。调查结果显示,相当一部分学生对此并没有较为深刻的感触:当问及学校的塑像等建筑对学生的教育意义时,超过一半的学生选择比较有作用(占 54.99%),选择非常有、较弱、没有感觉的分别为 30.48%、11.68%、2.85%。

校园建筑物等人文景观除了美化校园环境外,其背后的历史故事、名人事迹更是传递着和诉说着深刻的哲理和价值观念,本应是大学精神教育的重要助推力,然而在教育实践中并未发挥出理想的作用力。笔者在对学生进行访谈时,发现很多学生都有注意到学校的雕像、石刻等建筑物,并未觉得大学校园环境对育人具有深刻的教育意义和作用。不少同学表示对这些雕塑、石刻等人文景观知之甚少,或是一知半解,很少了解这些建筑物传递的内涵,甚而觉得这些人文景观形同虚设,愈发觉得校园环境对个人成长的影响较为淡薄。

②大学精神教育缺乏有效的制度保障

校园物质环境的作用力不足,大大弱化了环境文化的影响力,除此之外,大学精神教育缺乏有效的制度保障,同样消解着大学精神的教育效力。当问及"您认为学校目前的学生管理制度对您的成长有影响吗"时,有56.41%的学生选择"比较有影响",选择非常有、较弱、没有感觉的分别为 25.64%、14.25%、3.7%。大部分学生都意识到管理制度渗透在其学习、生活的方方面面,规范其思想观念、品格塑造、行为养成。当前的学生管理制度对于维护校园秩序、规范学生管理发挥着巨大作用,然而与大学精神传递的价值观念缺乏深度融合,人文关怀凸显不够,学生对此颇有微词。并且,在访谈的过程中,不少访谈对象表示当前并没有将大学精神教育写进学校规章制度中,大学精神教育工作的开展缺乏系统的、有效的运行机制。

校园建筑物的合理规划布局、人文景观意蕴的丰富与阐释,不仅仅是打造一座优美的校园,也将对学生的培养教育起到巨大的推动作用,势必会涤荡人的心灵、开启人的智慧、塑造人的品性,给学生以美和真的熏陶。制度文化虽然以强制性为特质,但一旦成为治理校园的共同的价值规范体系,便会产生一股深层次的精神力量,引发师生深刻的敬畏之情,促使师生自觉地将其外化为行为示范。然而校园人文景观的阐释不够、大学精神教育机制的缺失,难以形成一种有力的内部环境,弱化了环境文化的作用力和影响力。

（2）大学对传统文化建设方面缺失

在"您是否对大学开展关于传统文化建设的文化活动感兴趣？"的调查中，62.7%的同学对关于传统文化建设的文化活动并不感兴趣，一定程度上体现了大学对于传统文化建设的缺失。另外，学生对本校特有的传统历史了解得更是少之又少，大学特有的传统历史文化对学生的影响力不大。

中华民族素以崇尚道德著称。中国传统道德精神是中华优秀传统文化的核心，也是中国道德教育深刻蕴含的精髓，是华夏五千年文明积淀形成的一种内在精神，是以其勃勃生机与现时融为一体的。中国作为一个拥有五千年文明的文化大国，在新时代中国特色社会主义建设中依然要不遗余力地弘扬和传承优秀传统文化。传统文化是一个民族的根脉，具有源源不断的生机与活力，也是凝聚全国各族人民的宝贵精神财富。创造性地继承和发展优秀传统文化，不仅是全社会的共同事业，更是大学校园文化建设的重要内容。但是在目前的实践活动中，一些大学的校园文化建设没有真正把握优秀传统文化的精髓，组织的很多活动流于形式，缺乏历史底蕴，对待传统文化的态度虽然足够重视，但操作上缺乏经验，这是值得我们关注和警惕的。

继承和发扬传统文化，不是简单地照本宣科，而应当是在深刻理解其文化内涵的基础上，有机地结合学生的需求和时代发展的要求，创造性地将其转化为服务于师生日常生活与学习的精神食粮和价值原则，不能厚此薄彼，否则不仅会使我国大学校园文化失去了应有的根基和文化主导性，也会造成大学生思想上的混乱和行为上的错位，使一些学生对传统文化的认同度远远低于西方思想，严重损害了校园文化建设的文化属性和本土特色。

（3）精神文化活动缺乏吸引力，对学生的影响力不大

近年来，大学越来越重视校园的精神文化建设，注重学生对先进精神和优秀人物事迹的学习，并开展各类的精神文明创建活动，但大学开展的精神文明创建活动对一些同学的吸引力和影响力并不是很大。在"您是否经常参加大学举办的精神文明创建活动？"的调查中，有39.5%的同学经常参加，51.2%的同学偶尔参加，9.3%的同学基本不参加。一些精神文化

建设活动在形式和内容上对学生的吸引力不大，进而对学生的影响力也比较欠缺，很难通过精神文化建设达到对学生的正面引导和教育的作用。

3. 制度文化建设不够完善

（1）制度体系不健全

关于"您觉得学校的制度或设施在支持校园文化建设上做得好吗"，有33.1%同学认为学校的制度对校园文化建设支持力度一般，且手续繁琐。大学校园文化的建设管理主体层次不分明、分工不明确，很容易出现相互冲突或重叠的问题，所以出现一些制度叠加、手续繁琐的现象。另外，随着时代的不断发展，学生的成长特点不断变化，笔者在通过对教师和管理者的访谈中了解到，一些大学的管理制度和规范不能够与时俱进，不能适应新时代校园文化氛围和学生的特点，如关于学生文化活动的管理制度不健全，关于网络空间的管理制度不完善，一些机制很难满足学生的需求等，反映出制度建设的不健全。

（2）相关机制不完善

校园文化的相关机制建设是文化活动开展的有效保障，相关机制的不断完善可以提高大学园文化建设的效率，优化校园文化的结果。但就目前大学发展的状况来看，仍有部分大学缺失相关的奖惩机制、评价机制等，在一定程度上降低了文化建设的活力，影响学生参与文化活动的积极性。关于"大学是否设有保障校园文化建设的有关机制"，24.5%的学生回答大学没有设立保障校园文化建设的有关机制，32.3%的学生并不了解。结果表明，个别大学未能建立成熟的机制，为大学文化建设提供一定制度保障。

4. 行为文化育人功能发挥不足

（1）校园文化活动建设等同于丰富学生课余生活

关于"校园活动大多是什么类型的？"，87.3%的学生认为校园活动是娱乐型的。部分大学开展的课余活动大多偏重于娱乐活动，这些活动的开展是为了丰富大学生的课余生活，很少将人才培养理念和传统文化、爱国精神等因素融入其中，因此校园活动对于学生行为品德和价值观念影响并不大。

（2）校园文化活动重结果轻过程和总结

社团活动是校园文化活动的主要形式，在访谈过程中，笔者了解到部分社团活动非常注重结果和呈现的效果，活动结束后缺少反思和总结，所以文化活动的水平很难提高，很难举办意义非凡、对学生影响深刻的文化活动。

（3）专业课教师重教学轻德育

关于"您觉得教师的行为举止对校园文化建设的影响大吗？"，68.4%的同学认为教师的行为举止对校园文化建设的影响非常大。教师始终是学生前进道路上的引路人，教师在文化的建设中起到主导作用，但是也有一些教师在课堂上专注于知识的讲授，轻视对学生的思想政治教育，课下与同学们的交流较少。关于"您的专业课教师是否会在课堂上进行德育方面的教育？"，20.7%的同学表示偶尔会进行德育方面的教育，19.3%的同学回答是"从来不"。在对大学教师的访谈中，笔者了解到专业课教师课务繁忙，较少在课上的对学生进行思想政治教育，课下与学生的交流较少。

（4）学生参与积极性不高

关于"对于学校有关文化建设的活动，您的态度是？"，56.3%的同学表示有些活动会去参加，但有些不怎么关注；20.2%的同学表示非常想参加，觉得很有意义；16.2%不是非常想参与，一般是被安排去的；7.3%的同学表示不愿意参加，觉得无意义。结果表明，学生参与校园文化活动的积极性不高，非社团成员对文化活动的关注度比较低。另外，笔者在访谈中了解到，教师群体的主要精力集中在授课或行政工作，文化活动通常由学生举办，在活动的过程中老师未能发挥主导作用，导致活动的水平不高，久而久之会对校园文化的氛围产生了消极影响。

5. 网络文化建设效果有待提高

（1）网络德育活动贫乏

随着互联网时代的不断发展，网络已经成为大学生学习、生活中不能离开的一部分了。受到过大专及以上教育的学生网民占比高，青年学生的占比非常大，网络文化对学生的影响越来越大。关于"您认为我校的网络文化建设怎么样？"，仅有37.4%的同学认为所在大学重视网络德育。可见大学对于网络文化的建设存在漏洞，网络思想政治活动贫乏。

（2）网络文化监管有待加强，网络文化队伍素质不高

关于"您认为我校的网络文化建设怎么样？"，60.1%的同学认为网

络监管力度和网络专业队伍建设有待加强。网络环境开放且复杂，学生通过网络可获取大量知识信息，但是网络信息鱼目混杂，在传递和接收的过程中，会丧失信息原本的真实性和准确性。由于网络监管存在漏洞，缺乏科学引导，大学生的辨别能力和政治意义较差，因此大学生的思想和行为很容易网络上不良信息的影响。另外，大学网络文化活动水平和网络文化队伍专业素质还有待提高。

（3）网络育人平台的形式单一

关于"您认为您所在大学的网络育人平台是否多样化？"，32.3% 的同学认为大学网络育人平台多样性不足。部分大学还是以校园网、主题网站等这样传统的网络平台作为发布信息、网络教育的主要方式，而微信、微博这样的移动平台更受学生喜爱且浏览量比较大，拥有成熟的校园 App 客户端的学校比较少，大学对网络平台的建设和利用不够完善。关于"您通常通过哪些网络平台浏览校园文化、新闻等相关信息？"，60.3% 的同学选择校园网、主题网站等传统网络平台，26.2% 的同学选择微信、微博等移动平台，13.5% 的同学选择学校 App 客户端。

三、"立德树人"视域下大学校园文化建设存在问题的原因

中国特色社会主义进入了新时代，面对新时代背景下的重重挑战，大学积极响应新时代国家的人才培养政策，贯彻落实立德树人的根本任务，愈发重视校园文化对学生成长的正面作用，但是目前校园文化建设过程中还是存在一些问题。笔者从社会环境、大学生自身、大学层面探究了存在问题的原因。

（一）复杂社会环境的冲击

大学的发展与社会环境的变化、发展紧密相连。大学在进行校园文化建设的过程中面临一些阻碍，受到市场经济、多元社会思潮和复杂网络环境的冲击。

1. 市场经济的冲击

改革开放以来，我国社会主义市场经济迅猛发展，但是市场经济体系还没有完善，存在一定的弊端，出现了一味追求利益、急于求成的功利主

义思想。在改革开放初期，为了缩小与发达国家的差距，我国坚持以经济建设为中心，集中精力发展经济，这造成了部分高校在人才培养方面出现了急于求成的现象，重视对学生专业知识和技能的教育而忽视了德育。虽然国家出台了相关政策进行教育改革，提倡提高学生的综合素质，但是市场经济发展带来的负面影响是需要慢慢消除的。

市场经济影响之下，人们往往更加注重经济利益和实用性。在大学的物质文化建设中，很多物质环境建设的主要用途是实用性，很少考虑物质环境建设的文化影响和对学生的德育作用，所以一些大学的建筑缺乏审美和内涵。在市场经济影响下，大学专注于科学研究、技术培养，强调学生的成绩，忽视了对学生的精神文化建设，教师和学生校园文化活动的积极性不高，校园实践活动大多流于形式，并没有对学生的综合素质的提高及价值观念的引导起到积极影响。另外网络环境的自由开放性和广泛多元性，也是市场经济迅猛发展的产物，网上的一些糟粕文化，也成为大学网络文化建设过程中的绊脚石。

2. 多元社会思潮的冲击

随着经济全球化的影响，国际交流日趋密切，中西方文化交往也越来越频繁。西方一些发达国家企图通过文化渗透等手段侵蚀中华文化、威胁中华文化的发展。新时代，中国经济迅速发展，一些西方资本主义国家感受到了中国崛起带来的压力，便散播一些关于社会主义的错误言论，部分学生在一定程度上受到了冲击和影响。大学是一个充满自由和开放思想的场所，它兼容并蓄、包容并收，所以大学的文化环境很容易受到外界环境的干扰，部分思想不坚定的大学生容易产生动摇。

在中西方文化相互交流、交融、碰撞的过程中，部分传统文化的民族性和时代性遭到质疑。在中国走向国际化的过程中，中华文化面临着其他文化的冲击。很多西方的电影、节日、歌曲在大学生群体中很受欢迎，一些大学在弘扬传统文化方面有所欠缺，加之受到西方部分糟粕思想的影响，很容易迷失自我，走向文化虚无主义。我们一直大力弘扬艰苦奋斗的优良作风，但随着多元思想文化的传播，西方一些错误思想渗透到大学校园，部分大学生追求享乐主义、拜金主义等错误价值观，在信仰方面出现了危机，给大学校园文化和网络文化建设造成障碍。

3. 复杂网络环境的冲击

随着网络时代的发展,网络环境越来越复杂,新媒体不断涌现。一方面,网络环境具有复杂性。随着科技进步、网络技术的发展,网络已成为大学生日常生活不可或缺的一部分,通过自媒体、移动客户端等接触在现实社会中无法了解的知识和信息,能够通过网络接触新的世界。但网络世界并不安全,一些西方国家通过互联网向中国大学生渗透错误的价值观念,宣扬自由主义、拜金主义等错误思想,加之当今社会中的一些不良思想、视频等通过网络侵蚀着大学生的价值观念和心理健康,使一些大学生失去斗志、安于享乐,降低参与校园文化活动的积极性,对于老师的教导甚至会产生逆反的心理,进而影响自身的健康成长。另一方面,部分大学生难以抵制网络的诱惑。网络媒体不断兴起,各种应用程序越来越多样化,一些程序的应用原本是出于方便人们的社交和放松人们生活的目的,但是部分大学生的自制力比较差,沉迷于某些游戏和社交软件,无心参与大学校园的实践活动,长此以往,不仅身体得不到锻炼,心理上的惰性也越来越严重。

(二)大学层面因素的局限

大学校园文化建设对大学的发展进步具有重要的推动作用。在校园文化建设过程中出现投入力度不足、忽视制度建设等问题主要是由于大学对对校园文化建设认识不全面、思想政治教育偏重于课堂等因素的影响。

1. 对校园文化建设认识不全面

校园文化建设对大学生思想政治教育有着非常重要的作用,是一种隐性教育,会在潜移默化之中塑造学生的思维和行为,对学生的影响也是持久深远的,所以大学对校园文化的认识程度将直接影响校园文化建设的效果,进而影响学生的成长。但目前来看,部分大学对校园文化建设的认识程度还不够深。

一方面,对校园文化建设的育人功能认识不足。校园是大学生最主要的学习生活阵地,特别校园的精神文明建设对大学生的一言一行都有着重要的指引作用。校园文化对学生的影响是潜移默化、持久深远的,对大学生的一生都起着重要的塑造作用。校园文化建设对大学的和谐与稳定、大学校风建设、大学整体教学走向都有着非常重要的作用。良好的校园文化氛围有利于优秀教师队伍的建设，有利于学生的全面发展，良好的校园文化建设有利于积极引导学生参加校园文化实践活动，提高学生的综合素质。所以，正是由于缺乏对大学文化建设德育作用的认识，导致大学在校园文化建设过程当中出现了投入力度不足、忽视制度建设等一系列问题。

另一方面，缺少对于文化建设紧迫性的认识。校园文化建设的内容包括精神文明校园的建设，中华优秀传统文化、红色文化的弘扬等，直接关系到学生对中国特色社会主义文化的理解和认同。而大学生作为中华民族伟大复兴事业的参与者与建设者，对中国特色社会主义文化的认同和自信直接影响到中华优秀传统文化的传承与发展。只有营造良好的校园文化环境，才能加深学生对中国特色社会主义的文化自信，坚定走社会主义道路。

2. 思想政治教育偏重于课堂

一方面，思想政治教育方式创新力度不够。近些年，大学一直在努力改革创新教育教学的方式、方法，力求做到与时俱进，但是部分大学还是存在一些传统的做法，比如教育学生、传授知识的方式还是偏重于课堂，教师在课堂上专注于专业知识讲授，缺乏对学生的思想政治教育和价值观的引导等。课堂教学是教学的主渠道，也是思想政治教育的主渠道，但是课堂教学存在一定的局限性，时间有限且形式单一。课堂的思想政治教育往往是通过说教来实现的，这不能够充分调动大学生的积极性，不能更好地吸引同学们的注意力。学生与老师的沟通交流也仅是通过课堂的方式，教师向学生传授校园精神文化的时间和精力都是有限的。

另一方面，专业课教师的思想政治教育工作有待提高。在一些大学中，很多教师认为课堂主要用于传授知识，课上的时间主要用来讲授专业课程，很少对学生进行思想政治教育，学生和老师的交流较少。大部分老师专注于授课，忽视对学生的思想政治教育以及价值观念的正确引导，久而久之学生和老师之间将产生一定的距离，进而影响优良教风和学风的形成。一些大学对学生的思想政治教育和价值观的正确引导依赖于思政课教学，专业课老师忽视了自己在日常教学中表现出来的师风、教风对学生的影响作用。另外，辅导员队伍由于繁忙的日常工作而很少参与校园文化建设。大学校园文化建设是一项系统的、复杂的工程，需要所有的领导、教师、学生等共同努力，坚持正确的方向，发挥文化育人的作用，将立德树人理念落到实处。

3. 物质保障过于机械，缺乏文化意识

大学校园文化建设必须依赖一定的物质基础，而物质本身的文化属性并不是自然形成的，它需要进行物质建设的人去有意识地创造。在我国当前的大学校园文化建设中，受大学扩招和高等教育大众化政策的影响，很多大学为了跟上政策变化，尽快提升自己的办学实力，只能简单粗暴地进行单纯的物质基础建设，没有精力也没有能力挖掘物质建设背后的文化资源。但实际上，对一所大学来说，其校园环境的每一个构成部分，无论是景观设计还是功能性设施的建设，都具有一定的文化熏陶功能。比如在一些有着知名校友和历史名人的学校，建造一些人物塑像，就能在无形中将榜样的力量传递给更多青年学子，使学校在历史中积淀而成的精神文化内核得到彰显。再比如，学校内的一些功能性场所，如体育场、篮球场等设施的建造和维护，能否充分考虑师生需求与社区服务功能之间的平衡，在很大程度上能够反映一所学校的人文关怀和社会责任感如何。妥善处理这些问题，可以在实践中使学生和社区居民都感受到大学作为重要的国家公共资源所肩负的陶冶人心、引领观念的文化功能。

但目前很多学校在上述方面做得不够好，主要原因在于：第一，管理者和决策者的行政智慧和行政能力不足，难以充分考量和挖掘物质基础建设过程中的文化资源；第二，学校缺乏相应的评估考核机制，在搜集师生意见、调动师生参与学校物质文化建设活动方面的意愿和能力都有待提高。

4. 政策落实不够充分，建设重心出现偏差

如何坚持、怎样坚持校园文化建设方向，能够在很大程度上反映一所大学在办学理念上是否具有先进性。大学自身发展战略的制定一方面应从大学必须发挥的功能出发，另一方面也必须与国家和地区相关的教育政策保持一致，既要着眼于学校自身的办学效益，又要着眼于大学在社会发展中的职责使命。就我国目前的大学校园文化发展现状来看，很多学校对中央和地方提出的教育政策理解不到位，落实过程中总是打折扣、"短斤少两"，导致最终的实践效果与政策预期存在严重偏差。具体来说，大学校园文化建设发展战略应从以下几方面考虑。第一，搞好教学与科研工作，贯彻落实好人才强国战略，为解决国内经济与社会发展中的问题提供智力保障和

人才支持。第二，大学的发展要有社会责任感，符合中国特色社会主义建设的需求，不仅能够引领科技发展，同时还要引领人民群众的思想观念发展，率先做好社会主义核心价值观的培育和践行工作。第三，把大学的发展放在提升国家文化软实力的高度来审视，发挥好大学文化引领与文化传承的功能。第四，充分发挥大学的产学研转化能力，把大学的科研成果、先进技术尽快投入社会生产实践之中，使技术优势转变为产业优势，最大限度为实现中华民族伟大复兴的中国梦而贡献力量。

5. 制度建设不健全，育人功能弱化

大学管理体制的行政化倾向依然十分突出。所谓大学行政化，是指大学的办学理念、职能配置、组织建构、运转机制、决策管理等方面呈现出与行政机构相似的特征。对我国的大学机构设置而言，其内部的权力体系主要由行政权力和学术权力两种基本形式构成。对大学这种特殊的机构而言，学术性应当占据主导地位，只有这样才能避免"外行领导内行"，避免干扰学术研究的自由发展和创新机制。但在实际管理中，很多大学仍然不能很好地平衡两种权力形式，甚至时常出现相互制约、相互掣肘的现象，从根本上影响了大学在教学科研方面的本职工作。其一，权力过于集中，行政权力控制学术权力，容易滋生学术腐败。其二，行政权力过大，引发"权力寻租"，会诱导一些科研人员涌向行政岗位，长远来看不利于大学的科研发展和人才培养。其三，行政权力过大，会干扰学校正常的学术资源配置，不利于学术自由和科研创新。

"如何去行政化"是近年来我国高等教育发展进程中不容忽视的一个重大问题，我国现行的党委领导下的校长负责制的核心目标是确保高等教育办学和人才培养的社会主义特色，而不是纵容行政权力在大学的无限扩张。如果不能从观念上这种行政官僚作风，就不可能在学校中形成科学合理且富有人文关怀的制度建设。

（三）大学生自身成长因素的限制

大学生是大学校园文化建设的主体，在大学校园文化的建设过程中大学生的行为表现极为重要。在大学校园文化的建设过程中，大学生出现易受到多元文化思潮冲击、参与积极性不高等问题主要是受其身心发展不够成熟、社会实践经验不足等自身成长因素的限制。

1. 身心发展不够成熟

在过去的成长阶段中，大学生大部分时间都是埋头学习，对于外面世界接触不多、辨别是非的能力和政治意识较弱。从高中进入大学，正是处于青春期阶段，身体发育虽然比较成熟，但是心理还不够成熟，因此一些大学生仍然比较自我，排斥学校的硬性管理制度和老师教育的约束；一些大学生过于单纯而容易轻信他人；一些大学生的心理很脆弱经不起一点挫折。这些不成熟的心理特征都使他们容易受到外界的干扰，容易受到错误思想和价值观念的冲击，对于错误的行为和思想不能够及时做出正确的判断，从而难以在校园文化建设的过程中受益。

2. 社会实践经验不足

受家庭教育的影响，大部分大学生被家长保护得很好，有些甚至是在父母的溺爱中长大。因为入学之前很少参与社会实践，所以大部分学生的社会经历比较少，经验不足，是非辨别能力较差，很难得到全面发展。社会经验不足的大学生步入大学校园这样一个小型的社会，很难对自己的大学生活有清楚的认识和规划，也很容易受到不良思想的影响。部分大学生进入大学后对自己的学习和生活没有合理规划，容易受他人影响，效仿他人，对很多事情不能够作出正确的判断。

总之，大学生易受自身心理、年龄、家庭背景等的影响，知识面较窄，社会实践经验不丰富，这些都是大学校园文化建设中需直面并解决的问题。

第五章　“立德树人”视域下大学校园文化
建设发展的目标和内容

在全国高校思想政治工作会议上，习近平总书记明确提出：“要坚持把立德树人作为中心环节，把思想政治工作贯穿教育教学全过程，实现全程育人、全方位人。”①新时代高校必须把立德树人作为根本任务，因为立德树人是培养德才兼备、高素质人才的本质要求。高校思想政治教育工作必须紧紧围绕立德树人这一根本任务，创造性地开展工作，进一步提升综合育人水平。开展大学校园文化建设工作，要把校园文化运用于大学生思想政治教育中，发挥校园文化特有的育人功能，用校园文化特有的文化氛围潜移默化地去感染学生，以取得“入芝兰之室久而自芳”的教育成效，从而更好地满足新时代大学生的成长需要，帮助大学生树立坚定的理想信念，形成良好的个人道德素质，最终实现立德树人目标，将大学生培养成为德智体美劳全面发展的合格的社会主义建设者和接班人。因此，立足于立德树人，发展目标的设定和内容的完善是大学校园文化建设的关键。

一、“立德树人”视域下大学校园文化建设发展的目标

教育目标是带有根本性、方向性、全局性的问题，关系到事物发展的全局和整个发展过程，决定着事物发展的各个阶段和各个环节。新时代，我们要科学设定大学校园文化建设发展的目标，以生为本，明确目标导向，通过思想政治教育这一系统工程来完善大学校园文化建设发展，充分发挥

---

① 习近平在全国高校思想政治工作会议上强调：把思想政治工作贯穿教育教学全过程 开创我国高等教育事业发展新局面 [N]. 人民日报，2016-12-09.

校园文化的思想政治教育功能，立德树人，促进大学生的全面发展。

（一）目标定位要"以生为本"

著名思想家哈贝马斯（J.Habermas）认为，人类进入现代社会时，不能把发展生产力作为奋斗目标，社会发展应当体现为以人为中心的可持续发展。政府在衡量社会的全面发展状况时，应不仅重视经济增长质量和社会福利增量，更要在发展中优先考虑社会发展、人类福利和人类尊严，把人的发展置于发展的中心。[①]党的十六届三中全会正式提出了"以人为本、全面协调可持续发展"的科学发展观，将以人为本的发展理念，第一次正式写入了党的文件，并将其作为必须长期坚持的发展指导思想。具体到大学校园文化建设来说，我们要坚持"以师为尊、以生为本"的教育思想。在教育活动中坚持以人为本，关键是要坚持"以生为本"，充分尊重大学生的主体地位，真正做到理解人、尊重人、关心人。大学校园文化建设往往容易陷入两个误区：一是为活动而活动，形式主义、走过场的活动较多，忽视了实践教育活动育人的根本目的。二是过度强调和重视校园文化实践活动的社会影响，追求表面上的轰轰烈烈，而对大学生在活动中的意志、品质、情感方面的收获关注不够，导致活动陷入本末倒置的误区。我们要改变认识上的误区，在教育活动的各个细节上都充分体现大学生的主体性，坚持"为了一切学生、一切为了学生、为了学生的一切"。在科学设定大学校园文化建设发展目标时，应把握好以下几点。

首先，以人为本中的"人"必须是现实的人，是处在一定社会关系之中的大学生，是具有一定利益需求的鲜活的生命个体，是自然属性与社会属性相结合的产物。校园文化建设发展的出发点和落脚点，都是现实中的大学生，而不能是想象中的、抽象的大学生。可见，我们在大学校园文化建设发展中，从目标的设定、主题的选择、过程的设置、活动的实施到最终结果的考评，都要立足于现实的人，即从学生的成长成才、思想品德养成及全面发展等方面出发，将以生为本具体化、实践化。

其次，要切实保证大学生的主体地位。大学校园文化建设发展目标的提出，是基于对大学生成长成才的内在需求、品德养成的心理机制、教育

---

① 丁元竹. 建设健康和谐社会 [M]. 北京：中国经济出版社，2005：10.

教学基本规律等的深刻把握之上的。因此，在大学校园文化建设发展的整体建构之中，都必须遵循这一基本原则，切实保证大学生的教育主体地位。在大学校园文化建设发展的整个过程中，应树立一切从大学生实际出发的理念，在尊重大学生的前提下，适当运用有效的教育方法加以引导，充分调动和激发大学生的主动性、参与性、创造性，实现大学生的全面发展。

最后，要突出大学校园文化建设发展的教育性。要将高校开展校园文化建设活动的宗旨归结为"育人"，始终围绕教育目标开展各种社会实践活动和各种校园文化活动，使大学生增长见识、陶冶情操、积蓄正能量，为日后成为社会主义的建设者和接班人奠定坚实的思想道德基础。

（二）要明确目标导向

习近平总书记在全国高校思想政治工作会议上提出了"四个正确认识"，即正确认识世界和中国发展大势，正确认识中国特色和国际比较，正确认识时代责任和历史使命，正确认识远大抱负和脚踏实地。① 习近平总书记的重要论述为大学校园文化建设发展提供了目标导向：认识世界和中国发展大势是目标导向的基础，认识时代责任和历史使命是目标导向的根本，认识远大抱负和脚踏实地是目标导向的重点。

1. 引导大学生正确认识世界和中国发展大势

引导大学生正确认识世界和中国发展大势，就是要求大学校园文化建设发展工作应引导大学生了解社会发展规律和趋势，明确我国今后的发展方向。首先，高校思想政治教育工作者在教学和开展思想政治工作过程中，应注重大学生理想信念教育，使大学生树立共产主义远大目标，这是新时代对大学生提出的最基本要求。其次，在引导大学生正确认识世界和中国发展大势过程中，要批判地借鉴和吸收外来文化，既吸收不同国家和民族的优秀文化精髓，也不可忽视外来文化带来的负面影响，尤其是网络、新媒体上传播的信息。对此，思想政治教育工作者要培养和提高大学生的网络素养，使大学生在面对不良信息时有鉴别能力。最后，高校应拓展和加强我国优秀传统文化教育，将传统文化与外来文化相结合，开展多种形式

---

① 习近平在全国高校思想政治工作会议上强调：把思想政治工作贯穿教育教学全过程 开创我国高等教育事业发展新局面 [N]. 人民日报，2016-12-09.

的专题讲座等。

2. 引导大学生正确认识时代责任和历史使命

引导大学生正确认识时代责任和历史使命，就是要求大学校园文化建设发展工作应引导大学生认识到新时代赋予大学生的责任担当和历史使命，从而为中华民族伟大复兴贡献力量。新时代大学生所处的国际环境决定了其承担的时代责任与历史使命的特殊性和艰巨性。首先，要教育引导大学生牢记时代责任与历史使命，并且勇于承担这一光荣、神圣的历史使命，要对大学生进行爱国主义教育，增加大学生的民族认同感和责任意识。其次，要教育大学生将个人理想与中华民族的利益统一起来。大学生的个人理想既是对自己未来成长的美好设想，更是对国家兴旺的期许，只有将个人发展与国家需要结合起来，个人理想才能得以实现。高校要加强大学生理想信念教育，使大学生将个人理想与社会主义理想结合、统一。最后，要注重培养大学生的创造力。新时代大学生好奇心强、求知欲旺盛、勇于创新，因此要挖掘大学生的潜能，提高大学生的创新意识，激发其创新活力，为国家和社会培养创新型人才。

3. 引导大学生正确认识远大抱负和脚踏实地

引导大学生正确认识远大抱负和脚踏实地，就是要求大学校园文化建设发展工作应引导大学生理性地认识我国的国情和当前的国际形势，并立足于国情，树立为中国特色社会主义事业而奋斗的共同理想，继承和发扬艰苦奋斗的优良作风，脚踏实地实现这一崇高理想。首先，高校要坚定不移地坚持社会主义办学方向，重视对大学生唯物史观、责任感和使命感的教育，改革和创新思想政治教育工作的方式方法，增强引领性、协同性、实践性、亲和力和针对性；充分利用传统课堂教学形式，不断改进和完善理论知识的教育模式，把思想政治内容融入各专业课课堂，把德育元素贯穿教学的各个环节，使各学科、各门课程同向同行，相互协同。其次，充分调动各种资源，构建"大思政"格局。高校要充分利用互联网信息技术，通过新媒体，搭建思想政治教育新平台、新载体，将理论知识与信息技术相结合，开展思想政治教育，加强大学生理想信念教育，鼓励大学生积极参与。最后，高校应切实开展大学成长成才教育工作，探索和研究大学校园文化建设发展的途径和方法创新，激发大学生学习的动力，教育大学生树立正确的世界观、人生观和价值观，树立崇高的理想信念，促进大学生的全面发展。

二、"立德树人"视域下大学校园文化建设发展的内容

大学校园文化建设是一项长期的工作，伴随着学校的发展而发展，在其发展进程中需要处理和解决的问题很多，其中较为重要的是大学校园文化建设与"校园人"的关系、与高校发展的关系、与社会发展的关系。因为这三种关系是环环相扣的，其中任何一个环节没有处理好，都会严重影响大学文化建设发展的水平和质量。本书选择"立德树人"的视角来研究大学校园文化建设发展，重点就是如何处理和解决大学校园文化与"校园人"——大学生之间的关系。笔者在多年从事思想政治教育工作的经验基础上，充分借鉴学界的研究，认为可以从以下几个方面来加强大学校园文化建设。

（一）将大学精神教育融入大学校园文化建设

大学精神作为大学校园文化建设的核心，作为大学师生共同认可的价值体系，反映着大学师生的精神面貌和精神状态，是一所大学最显著的精神旗帜。如何将大学精神深度融入高校的育人工作是一项重要课题。笔者认为，深刻认识新时代大学精神的本质特征、加强"三风"建设、将校史、校情融入大学校园文化建设是强化大学精神教育的有效途径。

1. 深刻认识新时代大学精神的本质特征

经过数百年的发展，大学逐步发展成以创造知识、传承文化、服务社会为主要职能的文化效应场，大学精神以大学独特的功能体系为存在载体，形成了具有相对稳定性的价值内涵。正是因为大学对生命意义的关怀，才产生了以人为本的人文精神；正是因为大学对创造知识的高度重视，教学与科研同向发展，才形成了具有独立精神和自由意志的学术精神；正是因为工业革命对科学技术的需求，才催生了以理性批判和自觉创造为主的科学精神，随着社会的发展，大学逐渐卷入社会"机器"的运转之中，涵养出走出"象牙塔"、勇担责任的社会关怀精神。新时代的大学精神应服务于立德树人这一根本任务，为培育社会主义建设者和接班人奠定基础。

（1）以人为本的人文精神

人文精神是西方大学的文化传统，也是中国传统人文思想的重要体现。"大学之道，在明明德，在亲民，在止于至善"（《大学》）阐明了中国古代学校教育将知识传承、道德培养、意志提升、情感熏陶统一于人格的完善和全面发展。以儒家文化为代表的中华传统人文思想强调从君子人格的培育到内圣外王境界的提升，旨在通过教育挖掘人性中的善，培养一个完整的人，是人文教化的典范。中国传统人文思想成为现代大学人文精神的重要历史渊源，避免大学沦为精于科学、荒于人学的职业工具。新时代，习近平总书记高度重视"以人民为中心"的发展思想，高校作为立德树人的重要场所，尤其要注重人的培养问题。习近平总书记强调："高校思想政治工作关系高校培养什么样的人、如何培养人以及为谁培养人这个根本问题。"① 大学精神作为大学文化的精髓，弘扬以人为本的人文精神，可以为培养德智体美劳全面发展的新时代青年提供重要的文化资源。大学的人文精神是一种崇善求美的精神，是一种以人的价值和伦理规范为核心的精神，是大学在处理人与自然、人与社会、人与人关系时价值观念和行为规范的体现。以人为本的人文精神体现在对人的生命意义和精神成长的无限关怀：一是弘扬人性，关注人的生产发展，尊重人的独特价值，实现理想，注重人的全面发展；二是重视人的终极关怀，不断追问生命的意义，追寻超越现实的理想世界，发展理想人格；三是发展人的主体意识，培育人的个性，同时又能坚持理性原则，建立和谐的人际关系；四是树立人与自然和谐统一的意识。人文精神作为大学精神的主要内容，强调坚持以人为本，充分尊重学生的主体意识和发展需要，倡导人的自由全面发展，培养具有理想人格的完整的人。

（2）独立自由的学术精神

大学作为以客观探索真理为目的学术组织，决定了大学应当具有独立自由的学术精神，保持学术的尊严和神圣。"大学不能遗世独立，但却应该有它的独立自主；大学不能自外于人群，但却不能随外界政治风向或社会风尚而盲转、乱转。"② 陈寅恪先生提出的"独立之精神、自由之思想"

---

① 习近平. 习近平谈治国理政（第二卷）[M]. 北京：外文出版社，2017：376.

② 金耀基. 大学之理念 [M]. 台北：台北时报出版社有限公司，2003：32.

正好是对学术研究精神的高度凝练。冯友兰先生的"违千夫之诺诺，作一士之谔谔"，正是对西南联大独立自由的学术精神的绝妙概括。大学校园科学、民主、自由的氛围，能促进广大学子养成开阔的视野、博大的胸怀、包容万象的气度，塑造独立的意志和自由的思想，这也是坚持立德树人、培养学生追求真理的重要体现。独立精神是指具有独立人格，具备独立思考、独立判断的能力。自由精神包含思想自由、学术自由等内容。独立精神是自由精神的前提和基础，自由精神是独立精神的外显和标志。一方面，大学是探索高深学问的学术机构，学术的真实、客观、不偏不倚决定了学术研究的本质就是独立自由的。大学必须坚持追求真理的神圣使命，保持清醒的头脑和理性的认知，拒绝一切蛊惑人心的媚俗之风，遵循探寻真理的客观规律和原则，守其本真，保持学术的崇高性。另一方面，大学是塑造灵魂的教育场所，它必须赋予学子独立判断和自由探索的理性精神和理想人格。"思想自由，兼容并包"既是一种办学原则，更是一种大学精神，它旨在鼓励学生接纳不同的思想观念，自由探索真理、发表言论，独立判断、选择符合价值观念的思想观点，成为健全、完善的人。

（3）求真务实的科学精神

科学精神源于求知求真的科学传统，代表了理性精神的回归，它的本质特征在于追求真理，带有强烈的批判色彩和自觉的创造意识，强调科学研究要基于社会现实，服务社会大局。求真务实的大学精神是大学保持本真，达到一流标准，实现社会引领作用的精神内核，也是提升学生求真理、悟道理、明事理的能力，培养创新型、复合型、应用型人才的本质力量。哈佛大学之所以卓尔不群，是因为它始终保持对科学真理和学问的不懈追求。西南联大以"刚毅坚卓"为校训，在艰苦卓绝的条件下，依然坚持实事求是的科学精神，尊重知识、尊重人才、尊重创造，输送了一批批高素质人才，它的成功可以称为"中国教育史上的奇迹"。求真务实的学术精神主要包括以下三层内涵：一是实事求是的精神，是指根据客观事物的本质去研究事物的内在规律，防止主观臆断。毛泽东同志将"实事求是"定为中央党校校训，竺可桢将"求是创新"定为浙江大学校训，这足以见得大学探求真理、追求科学的重要性。二是批判精神，是指在追求真理的过程中，敢于提出不同意见，敢于与错误思想斗争。发扬批判精神旨在引导大学知识群体以科学的眼光对待教学和科研，勇于否定错误思想，破除封建迷信，树立知识的权威，敢于对社会现实进行理性反思，为政府建言献策，提供真正为社会所需要的更具价值性的科研成果。三是创新精神，它是大学保持社会地位的根本生命力，是大学精神的核心。大学的创新精神就是要引导知识群体开拓学术科研新领域，培养具有高度创造意识和创新思维的新人才，开展创新性的文化生活，顺应时代变化改造大学自身，增强价值引领功能。

（4）勇于担当的社会关怀精神

大学虽然致力于科学研究，但始终无法脱离现实的舞台，大学自然成了社会发展的"动力站"，高等教育的发展也总是以社会需要为基础。新时代的高等教育要以培养接班人为历史使命，办好中国特色社会主义大学，更需要有一流的大学精神作为价值支撑——勇于担当的社会关怀精神为现代化大学的发展指明了方向。社会关怀精神是指大学在发展的过程中要走出象牙塔，自觉融入社会发展的历史潮流中，为国家前途而奋斗。一是，社会关怀精神与大学自身的发展和进步息息相关。随着社会的加速发展，过去可以凭借经验解决的社会问题，现在更需要依靠高深的知识来实现。新时代的大学更需要关注"四个全面"战略布局和"五位一体"总体布局，将最新学术科研成果应用于社会发展中，转化为第一生产力，同时根据社会发展的迫切需要，创新人才培育模式，"培养一代又一代拥护中国共产党领导和我国社会主义制度、立志为中国特色社会主义奋斗终身的有用人才"①。大学为社会发展创造知识和输送人才，为大学的自身发展创造新的机遇，有助于打造敢于走在时代前列的一流大学。二是，社会关怀精神主要体现在为社会主义精神文明建设提供无限的动力源泉。大学精神本就是社会主义先进文化的一部分，大学精神的培育和提升就是在为社会文化发展贡献力量。大学通过开展科学研究，为社会提供最新科技成果，推动社会进步；通过创作高雅的艺术文化作品，增强人的审美意识和文化素养；通过开展哲学领域的思考与实践，启迪人的心灵、开发人的智慧、提升人生境界。三是，社会关怀精神就是要发挥大学精神的示范引领作用。抗战

---

① 习近平在全国教育大会上强调：坚持中国特色社会主义教育发展道路 培养德智体美劳全面发展的社会主义建设者和接班人 [N]. 人民日报，2018-09-11.

时期的西南联大之所以在当时产生了巨大反响，正是因为师生以忧国忧民的爱国情怀为自由、民主、和平奔走呐喊，展现了知识分子独特的精神面貌和气质。新时代的大学作为创造高深学问、传播价值观念的场域，通过塑造一流的大学精神，将广大青年学子培养成有服务奉献精神的新生力量，从而引导社会整体的思维走向，成为引领社会风尚的精神旗帜。

强化大学精神教育，高校既需要受其本真，以大学悠久的办学传统为基础，传承好以人为本的人文精神、独立自由的学术精神、求真务实的科学精神、勇于担当的社会关怀精神，又需要秉持扎根中国大地办好中国特色社会主义大学的理念，对中华民族光荣的历史文化传统进行升华，与社会主义核心价值观深度融合，培养出彰显时代风骨和育人本色的新时代大学精神，从而完善大学校园文化精神教育，真正落实以树人为核心、以立德为根本，培养高水平人才。

2. 加强"三风"建设

所谓"三风"，即校风、教风、学风。校风是指高校在长期发展的过程中，经过管理和各项教育教学活动所体现出的全体师生员工较稳定的、共同的精神风貌和行为风尚，是一所高校的整体风气。高校的校风由管理作风、教风和学风三个方面组成，是三者的集中反映。优良的校风能够潜移默化地影响高校师生员工的行为和思想，同样，高校内每一个部门、每一个人所表现出的良好作风也能够促进优良校风的形成，二者是相辅相成的。

（1）加强管理作风建设

管理作风是指高校各级管理人员在管理工作过程中所表现出的思想作风和工作作风等。

管理作风优良，能够为高校创设科学有效的管理环境，能够引导优良教风和学风的形成，能够对高校各项工作起到引导和示范的作用。保证管理作风优良，就必须进行管理作风建设，加强对高校领导干部、管理工作者以及后勤工作人员在思想意识上、工作态度上以及生活作风上的正确引导和熏陶，营造风清气正的管理环境和氛围。习近平总书记在庆祝中国共产党成立 95 周年大会上的讲话中强调，"作风建设永远在路上"[①]，"己

---

① 习近平. 在庆祝中国共产党成立 95 周年大会上的讲话 [N]. 人民日报，2016-07-02.

不正，焉能正人"①。为了加强管理作风建设，高校各级行政管理部门要在党政领导班子的带领下，始终牢记自己的职责和使命，树立正确的价值观和权力观，在思想上、工作中和生活作风上严格要求自己，通过自身良好的政德以及高水平的领导能力，得到师生员工的支持与信任。

（2）加强教风建设

教风作为校风合力建设系统中的一个构成要素，具体是指高校所有参与教育教学的教育工作者在授课、科研等方面所表现出的职业道德和行为风范。要想使教师在教育教学过程中形成优良的教风就必须加强教风建设，其中，最主要的是加强师德师风的建设。习近平总书记在全国高校思想政治工作会议上指出，要加强师德师风建设，坚持教书和育人相统一，坚持言传和身教相统一，坚持潜心问道和关注社会相统一，坚持学术自由和学术规范相统一，引导广大教师以德立身、以德立学、以德施教。②党的十九大报告指出："加强师德师风建设，培养高素质教师队伍，倡导全社会尊师重教。"③可见，师德师风建设不仅有利于教师自身素质的提升，而且对整个教育事业发展有着极其重要的作用。

加强教风建设，教师自身建设是关键，教师要把师德放在首位，把敬业精神、育人意识以及良好的道德情操贯穿教学过程的始终，要始终牢记教书育人的责任和对学生的示范作用。同时，教师要树立终身学习的思想，提高自身对新知识新技能学习的积极性，要遵守学术规范，以良好的学术道德为学生做榜样。教风建设不仅需要教师职业道德、教学水平的自我提升，还需要高校加强对教师队伍的建设力度。一方面，要用规范的规章制度来约束和监督教师的行为，不断提升教师各方面的能力和水平；另一方面，还要给予教师关怀与关爱，在生活和工作中多体谅教师的辛苦与不易，在物质上精神上给予支持，使教师以更加饱满的热情和更加踏实的工作作风投入社会主义教育事业中。

① 习近平. 在庆祝中国共产党成立 95 周年大会上的讲话 [N]. 人民日报，2016-07-02.
② 习近平在全国高校思想政治工作会议上强调：把思想政治工作贯穿教育教学全过程 开创我国高等教育事业发展新局面 [N]. 人民日报，2016-12-09.
③ 习近平. 决胜全面建成小康社会 夺取新时代中国特色社会主义伟大胜利——在中国共产党第十九次全国代表大会上的报告 [N]. 人民日报，2017-10-28.

（3）加强学风建设

学风是学生集体或个人在学习过程中表现出来的态度和行为。学风是学生学习态度、学习纪律、学习兴趣、学习能力的外在反映，对学校校风和人才培养质量起着重要的影响作用。

一所高校的学风是经过全校师生员工共同努力，逐步探索，经过长期有意识培养而形成的。学风的好坏反映了一所高校的整体学习和学术氛围，是反映校风好坏的重要指标，加强学风建设是十分必要的。高校的根本任务是将学生培养成全面发展的、对社会有用的、德才兼备的合格人才，高校各项工作都应以这项根本任务为出发点，因此，校风建设也应该围绕一切为了学生成长成才的观念来建设，校风建设的最终成效要反映到学风上。如果没有良好的学风，学校就失去了办学的真正意义。

加强学风建设，一方面，要使学生在老师的带领下提高对学习的热情，端正学习态度，在课堂上认真听课，课后积极与老师进行沟通探讨。另一方面，要培养学生学习的自觉性和自学能力，使学生树立正确的学习意识，积极发挥自身的价值和优势，踏实努力地完成学业，追求更高的目标。此外，高校要采取多种方式大力弘扬优良学风，把软约束和硬措施结合起来，营造互学互鉴、积极向上的学习风气和学术生态，提升学生学习的热情和主动性。

3. 将校史校情融入校园文化建设

校史校情凝聚的是一个学校建设发展的智慧，蕴含着丰富的文化资源，所彰显的大学文化和大学精神渗透着大学生德育要素。因而，校史校情是一部典型的乡土德育资源，既是学校文化、学校精神、学校传统独特形成和发展过程的体现，也是中国革命、社会主义建设和改革发展的缩影，折射出国史和国情。[①]校史校情教育作为高校德育的一部分，融入大学校园文化建设是实现高校高质量发展、培养担当民族复兴大任的时代新人的必要举措。

（1）校史校情教育是校园文化建设的宝贵资源

首先，校史校情是开展大学生思想政治教育的重要内容。从思想精神

---

① 柳礼泉，唐珍名. 高校德育视野下的校史校情教育 [J]. 高校理论战线，2011（03）：52-55.

层面来看,校史校情是一所大学办学理念、办学精神和办学状况的真实体现,是大学文化建设的重要一环,对于大学生准确认识所在学校的历史背景、专业设置、学科结构、培养目标等内容具有十分重要的指导作用。大学是学生价值观发展与确立的关键时期,大学生所接受的教育对其人生发展有至关重要的影响。大学生思想道德素质状况是高校人才培养的核心关注点,是检验人才培养质量的关键性指标。从结构上看,大学生德育的内容是多元的,培养担当民族复兴大任的时代新人的目标必然对大学生思想道德素质提出更高的要求。校史校情教育讲述的一个学校发展变化的基本历程,反映的是一个学校各个方面的基本情况,涉及的人物和事件发生在大学生所熟知的校园。由此,将校史校情教育融入大学生思想政治教育之中,有助于增强大学生的爱校荣校意识,将学校精神内化为学生自身的文化素养,在实际行动中彰显大学生的总体综合素质。

其次,校史校情资源的不可替代性增强了德育工作效果。大学校园文化建设是校园精神文明建设的重要组成部分,是学校建设发展的"软实力"。相对于教学基础设施等"硬实力"而言,大学校园文化潜移默化地渗透到校园发展的各方面,并在一定程度上影响学校的发展方向。大学校园文化建设的载体丰富多样,既可以通过多彩的校园文娱活动形式得以呈现,也可以通过丰富的校园学术活动得以体现,这些无不内在地彰显着大学的育人功能。校史校情是一所学校独特的资源,反映着该校在不同历史环境下发展变迁的基本状况,不同高校的校史校情反映的内容既有共同性的特征,也有差异性的变化。一般而言,校史校情均不同程度地记录和反映了不同时期我国教育政策的变化,学习校史校情可从侧面了解我国特定时期的政治、经济、文化、社会等多方面的基本状况。由于每所大学的办学层级、办学目标、专业设置以及所在地区的文化差异,各个学校的校史校情都有差异性变化,因此,校史校情成为大学文化建设的"专利",不可复制且不可替代。

最后,校史校情是优化校园德育环境的基础性工程。在社会转型的关键时期,社会上存在的拜金主义、享乐主义、个人主义等错误价值观念冲击着大学校园文化。因此,注重大学生身边环境的改造,营造风清气正的校园文化,对于帮助大学生形成正确的世界观、人生观和价值观至关重要。

校史校情呈现的是大学的“过去时”和“现在时”，展望的是大学的“未来时”，是学校建设发展各个方面的历史积淀，涉及的都是实实在在的人与事，且直接或间接地与每位教师、学生息息相关，涉及内容生动具体，使人能够做到可亲、可敬、可感、可学，因而易于激发大学生的学习兴趣和被大学生所接受，能够很好地起到以小见大、见微知著的效果，进而潜移默化地促进学生健康成长。

以四川师范大学为例，其校史、校训、校徽和校风蕴含着四川师范大学的教育理念、办学传统与文化精神等重要文化因素，是宝贵的校园文化建设资源，是立德树人的教育载体。

四川师范大学的校训是“重德、博学、务实、尚美”。重德，即重视思想道德，德为人才素质之首，师生以法律和道德为行为标尺。教师要以好的品德和作风锤炼自我，培育出品德良好的人才；学生要以德修身，诚信待人，未来才能革故鼎新，传承文明。要在全校培育形成良好的文明道德风尚，增强学校凝聚力和可持续发展能力。博学，即拥有广博的知识。学校在育人理念上，倡导学生要博古通今，文理兼修；教师作为文明的使者，只有具有广博的知识，才能“传道授业解惑”；学生只有拥有广博的知识，才能成为一个理性的人，成为一个对社会有用的人，才能在未来的激烈竞争中实现自己的人生价值和社会价值。务实，即求真务实，开拓创新，认认真真做人，踏踏实实做事。这是川师人的人生态度和办学精神的写照。“知之为知之，不知为不知，是知也”，要有踏实的治学精神和工作作风，要勤于治学，严谨治学。尚美，即要有崇尚美的心灵，要有正确的审美观念和高尚的审美情趣，要把自然美、社会美、艺术美内化为人生修养。师生要保持积极向上、奋发有为的精神境界。

四川师范大学的校徽是两个半圆弧图形组成近乎完整的圆形，中间是毛体“四川师范大学”校名，下面是四川师范大学的英文字体。底色为绿色，象征着四川师范大学的蓬勃生机和办学活力。两个半环图形和中间扉页代表“CS”两个字母，为四川师范大学“川师”第一个拼音字母的缩写，表征着四川师范大学海纳百川、博采众长的办学气魄和胆识，也预示着四川师范大学将以开放的办学思想为指导，在高等教育改革的大潮中不断发展壮大。图案中间的篆书繁体字“重德、博学、务实、尚美”是四川师范大学的校训。校训书写在书的变形的扉页上，彰显着四川师范大学以教师教育为主要特色的办学特色定位，"以人为本、质量第一"的办学理念，"求真务实、开拓创新"的治学精神和品质。整个校徽图形将四川师范大学的校训、历史传统、办学理念、学校特色定位有机融为一体，具有较强的时代性。图形设计色泽鲜明，简洁明快，虚实结合，动静统一，突出了办学历史的厚重感和大学文化的深邃底蕴。

四川师范大学的校风是"励志笃行、止于至善"。励志，即树立远大的理想和目标。学校要坚定建设以教师教育为主要特色的国内知名教学研究型大学的奋斗目标；教师要树立教书育人、为国育才的责任意识；学生要树立为人民、为国家、为社会服务的崇高理想。笃行，语出《礼记·中庸》："博学之，审问之，慎思之，明辨之，笃行之。""笃"意为"充实而有恒"，笃行即崇尚实干，践行理想，行胜于言。"励志笃行"反映了川师人的精神面貌和行动理念，它遥承三台时期东北大学的校训，汲取了东北大学"知行合一"风气之宗旨，体现了四川师范大学办学渊源的历史继承性。止于至善，语出《礼记·大学》："大学之道，在明明德，在亲民，在止于至善。"大学教育的目的在于弃旧扬新，传承文明，培育新人，服务社会。无论是传授和创造知识，还是治学育人、成人成才，皆应达到至高境界，实现学校以人为本，全面、协调、可持续发展。"止于至善"反映了川师人的思想境界和精神追求，也是实践"艰苦创业、敢为人先"的师大精神的必然要求。

四川师范大学的学风是"求真循理、慎思知明"。求真，语出《闽中理学渊源考》："求真于未始有伪之先，而性之真可见矣，求善于未始有恶之先，而性之善可见矣。"求真意即崇尚科学，追求真知。在学习和研究上，要不断追求和探索真理，勇于改正研究中出现的差误。循理，语出《周易孔义集说》："朱汉上曰：无妄，然后物物，循理，乃可大畜。"《程氏经说》卷七语亦有："君子坦荡荡，小人长戚戚。君子循理，故舒泰荡荡然；小人役于物，故多忧戚。"在学习和研究中，要实事求是，探明事理，力戒主观臆断，要尊重科学规律，恪守学术规范，强调职业道德，不好高骛远，不弄虚作假。"求真循理"体现了川师人的治学方法和原则。慎思，语出《礼记·中庸》："博学之，审问之，慎思之，明辨之，笃行之。"

刁包《易酌》亦云："圣贤道理，须是活看，如慎思之，思之弗得弗措也，学而不思则罔。"在学习和研究中，应勤于思索，善于思考，不断汲取和创造科学的学习和研究方法，以取得最佳的学习和研究效果。知明，语出《荀子·劝学》："君子博学而日参省乎己，则知明而行无过矣。"其中"知"同"智"，也有"知行合一"之意。此为治学、读书、做人所追求的目的。意即大学开启民智育新人，通过"传道授业解惑"以达"慎思知明"。"慎思知明"体现了川师人的治学品质和目的。

四川师范大学校歌《托起祖国的太阳》歌词如下。

白山黑水，源远流长，

狮山灵秀，哺育栋梁。

我们伴着历史的步伐，

谱写师大发展的篇章。

放眼未来，心潮激荡，

让我们共同托起祖国的太阳！

重德博学，务实尚美，

莘莘学子，青春闪光。

我们肩负民族的希望，

启动创造明天的远航。

放眼未来，心潮激荡，

让我们共同托起祖国的太阳！

四川师范大学校歌《托起祖国的太阳》创作并使用于 2002 年 11 月四川师范大学建校五十周年校庆之际，由艺术学院汪涛作词，韩万斋作曲。2003 年 9 月，校歌在原歌词基础上由三段改为二段，对旋律也稍作改动，形成正式的四川师范大学校歌。其中，将校歌第二段第一句"明德笃行，励志拓新"改为"重德博学，务实尚美"。

校歌二段歌词的末尾使用相同的文字，展现四川师大师生员工对未来的美好希望和坚强信心，唱出共同的志向和理想，那就是"托起祖国的太阳"。

四川师大校歌音程显示出昂扬、自豪的四川师范大学和中国当代大学生的形象和热情、向上的精神风貌。

四川师范大学具有悠久的办学历史。其前身是创建于 1946 年的川北农工学院，而川北农工学院又与东北大学有着历史渊源。东北大学是张学良将军1923年创办的。九一八事变后，东北大学辗转流亡于北平、太原、开封、西安，最后移居四川三台，在此坚持办学八年，抗战胜利后迁回沈阳。时任东北大学理学院院长、川籍教授李季伟先生利用东北大学原有条件在四川三台创办了川北农工学院，后在四川南充更名为川北大学，1952年以川北大学为基础，整合四川众多院校的师范学科，成立四川师范学院，并从南充迁到成都，1985年更名为四川师范大学。没有东北大学1938年迁校四川三台办学，就没有川北大学，也就没有后来的四川师范大学。所以四川师大文学院杜道生教授曾用"白山黑水，形胜天然……"来赞美四川师大历史的悠久。校歌中"白山黑水，源远流长"亦即此意。学校经历抗日战争、解放战争、新中国成立直至改革开放，"伴着历史的步伐"，由小变大，由弱变强，不断"谱写川师大发展的篇章"，今天的四川师范大学已经成为以教师教育为特色的省属重点综合性师范大学。

光荣的岁月炼就光荣的传统，发展的历程铸造宝贵的精神。四川师范大学承继东北大学的历史渊源，结合自身实际，几十年来形成了"艰苦创业、敢为人先"的师大精神，形成了爱国爱校、刻苦钻研、开拓创新的传统。四川师范大学以教师教育为主要特点，一批批教育人才在这里成长，从这里出发，用闪光的青春"肩负民族的希望"，为了中华民族的伟大复兴，为了四川师范大学的辉煌前景，"启动创造明天的远航"。

由此可见，作为校园文化重要组成部分的校史校情，蕴含着高校的办学传统、文化精神、发展理念等等重要文化因素。所以，重视高校校史校情教育，挖掘校史校情资源的宝贵价值，是校园文化发挥育人功能的重要动力，也是努力建设"双一流"高校的文化保障。

（2）校史校情融入校园文化建设的现实要求

校史校情是一所学校独特的资源，将校史校情教育融入校园文化建设之中，有助于打破高校人才培养"千校一面"的尴尬局面，克服人才培养的同质化倾向，进而形成个性化的人才培养模式。校史校情融入校园文化建设之中，既需要顶层设计层面的宏观要求，把准原则要求，也需要具体层面的具体方法，唯有如此，才能将校史校情与校园文化建设深度融合，提高高校新时代人才培养的质量。

首先，将校史校情教育纳入学校德育工作之中。校史校情涉及学校发展与建设的各个方面，贯穿学校办学的始终，涉及面十分广泛，校史校情教育需要学校各个部门、不同群体的通力合作与相互支持。但目前高校在建设发展过程中对教学、科研的关注度普遍较高，这是对建设高水平大学、实现高校跨越式发展的积极回应。一些高校对学校自身成果的文字呈现与保存并没有给予足够重视，更没有发挥其在立德树人中的真正作用，存在"说起来重要，干起来无效，忙起来不要"的问题。为改善以上状况，建议从以下两方面着手。

一是推进部门协作，形成校史校情教育的良好氛围。高校德育工作要从学校的建设与发展的顶层设计层面进行推进，从师生身边的事情着手，校史校情教育就是一项基础性的德育工作。高校应该在机构设置、人员配备、经费划拨、课程开设等方面进行综合规划，加强档案馆（校史馆）、教务处、学生处、团委、宣传部、相关学院的交流与沟通，为校史校情融入德育工作提供良好的环境。

二是充分挖掘提炼校史校情资源，丰富校史校情教育的课程素材。校史校情具有延续性和传承性的特点，它的形成不是一种短期行为，必须在长期积累、演变和转化的过程中逐步为社会所接受、所认可，体现出特定的社会价值。[①] 校史校情融入高校德育工作取得实效性的前提性条件，在于有效地介绍校史校情、研究校史校情、弘扬校史校情，为此需要齐聚校内外专家研究校史校情，挖掘校史校情弥足珍贵的精神财富，尤其是对重要历史人物和历史事件、重大发展节点和发展成就的记载与挖掘，进而形成属于自身的办学风格与办学精神。

其次，打造立体多元的校史校情教育模式。校史校情教育要想让学生入脑入心牢记于心，关键在于能够采取一种好的教育模式，激发学生的学习兴趣。长期以来，高等教育采取的是"一本书、一张嘴、一支笔、一块板"的传统教学模式，这对学生系统地掌握知识起到重要的促进作用。然而，在信息技术快速发达、学生成长环境深刻改变的新形势下，"填鸭式"教学难以提高当前大学生对知识学习的获得感。校史是对学校过去发展历

---

① 何骏. 论地方高校校史校情立体化教学模式的构建 [J]. 大学教育，2019（03）：104-106.

史的系统总结，校情是对学校当下建设的客观写照，校史校情客观反映着学校的过去、现在，描绘着学校发展的未来，学校发展过程必然有属于自己的重要历史事件、重要历史人物、重要历史遗迹等，因此，校史校情融入校园文化建设之中，需要让学生看得到、让学生听得到、让学生讲得出，必须采取多样的教学手段，增强教学的实效性。

一方面，利用现代信息技术宣传校史校情。在充分利用校园广播、校报宣传校史校情的同时，运用微信、微博等新媒体介绍学校的过去、现在与未来，为社会了解学校、学生认识学校提供便捷有效渠道。另一方面，邀请校内专家学者、知名校友讲述校史校情。定期邀请校内专家讲述学校发展的基本历程，定期组织学生参观校史馆、档案馆等重要场所，在学生与专家的互动交流和现场体验中，增进爱校荣校意识。

最后，探索打造现代化的多功能智慧型校史馆。智慧档案馆是智慧城市建设的重要组成部分，是档案馆发展的新形态，它不仅体现在可融合任何有利于其发展的新兴技术于一身，还体现在档案资源突破权限得以面向社会公开。[①]智慧型校史馆是智慧型档案馆的一部分，其优越性在于能够将现代信息技术融入校史馆的建设之中，生动呈现学校建设发展的整体状态与真实细节，使得受众能更直观地感知校史校情的生命力。过去，校史馆的校史校情多以文字、图片以及事迹等形式呈现，因而严肃厚重是传统校史馆的鲜明特色。智慧型校史馆除将环境因素融入其中之外，更注重人文与科技因素的渗入，将全息技术、数字沙盘和动感影院等现代通信技术融入其中，让人有身临其境的感受，这种视觉上的冲击力能够增加大学生对校史校情的学习兴趣。此外，展现校史校情的基本知识是智慧型校史馆的一个基本功能，互动环节的开设也是智慧型校史馆的重要功能，大学生可以进入智慧型校史馆，开展网络答题与网络提问，在互动交流中增进对校史校情知识的了解与掌握。

（二）将思想政治教育融入大学校园文化建设

大学校园文化建设发展是通过思想政治教育来完成和完善的，思想政治教育是大学校园文化建设发展的主渠道和有力支撑，因此，加强思想政

---

① 邓丽芝. 智慧档案馆建设路径分析 [J]. 兰台世界，2016（22）：155-157.

治教育对于高校校园建设发展起着至关重要的作用。大学校园文化既是社会主义先进文化的重要组成部分，又是高校立德树人的重要育人资源，是影响大学生成长成才的重要因素，能够以其内在的知识体系、价值系统去培育人、塑造人、引导人，在文化的传承与创新中发挥其育人功能。高校思想政治教育应该重视文化的育人力量，加大大学校园文化建设力度，积极发挥校园文化的育人功能，从而为中国特色社会主义事业发展培养高质量、复合型、创新型的人才。将社会主义核心价值观教育、理想信念教育融入大学校园文化建设，是充分发挥校园文化的思想政治教育功能，加强校园文化建设发展的有力保障。

1. 社会主义核心价值观融入大学校园文化建设

（1）社会主义核心价值观与大学校园文化建设的关系

社会主义核心价值观是建设大学校园文化的核心。社会主义核心价值观和大学校园文化在发展目标上具有一致性的使命，即培养社会主义现代化的建设者和接班人。

①社会主义核心价值观是大学校园文化建设的灵魂

第一，社会主义核心价值观中的国家层面明确了新时代大学校园文化建设的理念、目标、定位及走向，是大学校园文化建设的不竭动力，也是大学校园文化建设的指路明灯。教育梦是中国梦的重要组成部分，中国梦是引领高校积极实现立德树人、科学研究、文化的传承创新。以社会主义核心价值观引领大学校园文化建设，就是要把中国梦融入大学生的理想信念教育中，引导大学生把实现中国梦的满腔热情转化为勤奋学习、顽强拼搏、无私奉献的内在力量和报效祖国的实际行动中，促使大学生展现新担当，实现新作为。

第二，社会主义核心价值观的社会层面是高校师生保护自身合法权益的有效保障，是建设大学校园文化的思想保证。社会主义核心价值观是建设大学校园文化的理论依据，决定了大学校园文化建设的发展目标和制度体系。在建设大学校园文化的过程，以社会主义核心价值观为主导地位，遵循其内在原则。只有积极践行社会主义核心价值观，才能够保障大学校园文化建设发展协调有序运转，使整个大学校园文化建设工作的系统功能得以发挥。

第三，社会主义核心价值观的个人层面要求高校大学生应当具有高尚的品德。社会主义核心价值观作为高校大学生的"标杆"，是高校大学生衡量是非、正恶、得失、荣辱的"勘校器"。高校师生群体是学习社会主义先进文化的领头羊，也是践行高尚道德的排头兵，所以，要不断引领社会主义核心价值观在高校学生生活学习中的实践，树立正确的价值观，杜绝各种错误思想。

②高校是培育社会主义核心价值观的载体

第一，高校是推进我国社会主义核心价值观的重要场所。高校在践行社会主义核心价值观中发挥着特殊且重要的作用。我国是一个人口大国，人们的受教育水平和文化层次有所不同，对知识和理论转换的能力也不一样，对社会主义核心价值观的认识水平和理解能力也各不相同。高校学生的教育层次大都相同且学习能力强，更易于理解和接受核心价值观的理念和内涵，所以在高校弘扬和践行社会主义核心价值观是最直接的也是相对比较容易的，并且能够得到高校师生群体的广泛认同和推广。

第二，高校为社会主义核心价值观的建设构建了重要的平台。大学校园文化能够间接地对"校园人"的思想和行产生影响，对社会主义核心价值观的推动具有积极的意义。大学校园文化就是通过社会主义核心价值观的教育有意无意地将高校师生群体的行为方式和价值取向进行不断调节，从而符合国家和社会的需要。在大学校园文化建设中，可以依据各种平台和渠道来创造性地表达社会主义核心价值观，将社会主义核心价值观从外在强迫性的要求内化为高校师生群体的自觉行为，为实现其目标提供了现实有效的路径。大学校园文化在建设中必须按照社会主义核心价值观的要求去思想、去行动、去作为，使其无处不在、无时不有。

第三，大学校园文化建设为社会主义核心价值观提供了实践载体。其不仅具有得天独厚的优势地位，更在实践方面起到强大的推动作用，促使高校大学生成为积极活跃的实践主体。大学校园文化拥有的简单稳定的环境和高质量的教育水平是其他社会实践载体所无法比拟的，高校大学生作为我国思想进步的主力人群，他们能够更好地接受新事物，学习新知识，能够掌握新的价值观念与思想观念。所以把大学校园文化建设作为社会主义核心价值观必要的载体，比其他社会实践载体具有更高的可行性。大学校园文化在长期发展变化的过程中，形成了与社会主义核心价值观的内容相契合的文化氛围，并且逐渐融合了其行为方式，从而更好地推动了社会主义核心价值观在高校师生群体中前进的步伐。

③社会主义核心价值观和大学校园文化建设具有一致性

第一，二者发展目标一致。大学校园文化建设与社会主义核心价值观的发展方向与最终目标是一致的，都是坚持以人为本的原则。一切从学生的实际情况出发，沿着中国特色社会主义社会道路前进，促进人们自由和谐共处，为社会主义现代化建设培养合格的建设者和接班人做准备，也是当前大学校园文化建设的育人目标。它们在理论和实践上都运用了马克思主义的全面发展理论，有效地促进了高校大学生在政治、思想、道德、综合素养及实践等方面能力的提高。

第二，二者在人文精神上具有高度的一致性。社会主义核心价值观的人文精神是坚持以人为主体，引导人们规范自己的言行，提高思想道德水平。而大学校园文化建设也是坚持以学生为本，提高学生的学习兴趣，挖掘学生的潜能，充分发挥学生的积极主动性。人文精神是精神文明的核心，大学校园文化建设蕴含着丰富的人文精神。在这一点上是与社会主义核心价值观是相契合的。

第三，社会主义核心价值观是大学校园文化建设的中枢和灵魂，是校园文化建设的重要组成部分，甚至可以说是核心要素，为校园文化建设提供了基本准则和正确方向。社会主义核心价值观一直发挥着理论指导和规范作用，因此，高校才能够建立一种集知识、道德、科研于一体的校园文化。以社会主义核心价值观引领大学校园文化建设具有强烈的实践和理论意义，二者不仅在发展理念上都秉持以人为本、以学生为本的原则，且目的都是实现人的自由全面发展，都共同致力于培养精专业和高素质人才，树立正确的政治立场，提高人们的理想信念和道德修养。

（2）社会主义核心价值观融入大学校园文化建设的途径

①坚持社会主义核心价值观与校园物质文化相结合

第一，社会主义核心价值观与校内外物质环境建设相结合。为规划和设计学校的整体建设并优化高校校园的内部环境，使其体现出一定的文化内涵，要巧妙设计校园内的边边角角，争取做到总体规划、分期实施、生态优先、空间重塑、景文一体、教娱相兼,并且建设过程中要体现学校的发展历史、地方特色文化、教学理念等方面的文化因素。要把社会主义核心价值观,作为校园规划的重点,将其融合到校园中,使其成为一个完整、协调的规划设计方案。学校外部环境要重点体现其教育品质、精神理念,做好形象宣传,以充分显示办学特色和人文特色。此外,在建筑名称和道路名称上也要体现出社会主义核心价值观,这样才能更好地宣传和展示其内涵,让师生耳濡目染并乐于接受。

第二,社会主义核心价值观与校内景观相结合。首先,高校要重点加强文化景观的设计,在设计过程中,力求建设高品位、深内涵、书香浓郁、清新典雅、简洁明快的校园景观,注重与周边环境相结合,对校园内的景观和植物加以标注,号召广大师生积极踊跃地参与设计,以增强全体师生和员工的集体责任感、认同感、归属感。设计中不仅要明确学校的发展方向,还要彰显学校的发展理念,更要把关于社会主义核心价值观的文化符号重点体现出来,挖掘和分析校园物质文化的特征,使社会主义核心价值观真正做到与校园景观相结合,吸取其精髓,达到文脉传承的效果。其次,在文化景观的建设过程中要突出主旨、明确校园文化建设的目标,尽可能做到校容校貌优雅整洁,使一草一木、一砖一瓦都能够体现出红色文化、中华优秀传统文化等与社会主义核心价值观相关的元素,实现墙壁"说话"、草木"育人"的物质文化环境,形成深刻的印象并产生强大的教育冲击力。

第三,社会主义核心价值观与学校宣传文化设施相结合。首先,高校要注重建设具有代表性的建筑设施,比如图书馆。图书馆既是师生学习知识的殿堂,也是展现高校办学条件、教育思想的重要设施。又比如高校的教研室、博物馆、体育馆、科研馆等都是体现校园物质文化的设施,在建设规划中,要将社会主义核心价值观的文化元素融入这些设施的建设中。其次,要健全和建立好阅报栏、宣传栏等传播社会主义核心价值观以及党和国家方针政策的物质载体,完善电化教学设施和语言实验室等文化平台,立足校内宣传,拓宽校外宣传,并互相结合。改善校园文化宣传方式,营造良好的人文环境氛围,实现环境育人,进而促进师生的长远发展。

②坚持社会主义核心价值观与校园精神文化相结合

第一,社会主义核心价值观与办学理念相结合。高校的办学理念包含了高校的发展历程、发展动力、发展期望。高校办学理念的精髓就是"以学生为本"，立足每一位学生，关注每一位学生的发展需要，培养学生不断发展的潜能和动机，尊重每一位学生的人格和个性差异，使每一位学生都能够学有其所，乐有其所。办好新时代高校就必须要坚持社会主义核心价值观的引领。首先，高校要把办学理念内化为高校师生群体的共同愿景，融入日常的教育教学之中，以全面发展为目标，深刻探索学校精神文化的内涵，并坚持社会主义发展方向。其次，要认清自身定位与发展目标，必须树立全面协调、可持续的高校发展观，这就要求高校在建设过程中与所处的时代及其发展观联系在一起。最后，要坚持以"科学塑造人、以人文精神熏陶人"的育人理念。人是所有事物发展中的主体因素，高校师生是校园精神文化建设的主体因素，这就要求我们，在教学科研中把学术研究的空间尽最大可能地提供给广大教师，充分尊重教师的学术追求，激发教师、追求真理、崇尚科学的科研热情；在教育实践过程中将办学理念渗透到大学生的每一节课中，细化到大学生的每一次活动中，注入到大学生的每一个教育行为当中，培养大学生的创造和创新能力，启迪大学生的智慧，促进大学生形成团结友爱、互帮互助的良好氛围。

第二，社会主义核心价值观与高校"三风"相结合。校风、教风以及学风作为一所高校的核心要素，是衡量一所学校教育质量和精神面貌的标志。学风是通过高校师生的生活风气、学习态度等方面体现出来的；教风是通过高校教师的教学方法、思想观念和教学水平的高低以及职业道德体现出来的；校风是通过高校师生员工整体思想行为作风体现出来的。高校要想把培养合格人才作为目标，首先要努力加强学风建设与社会主义核心价值观的养成，注重日积月累，养成积极的学习态度。其次，要想不断提高教书育人的质量，就要加强教风建设与社会主义核心价值观的内涵相融合。所以，良好的校风、教风及学风是需要通过全校师生群体共同努力，从而不断优化学校的校园文化氛围。

第三，社会主义核心价值观与思想政治教育相结合。首先，要把课堂教育作为主要育人渠道，加强思想政治教育课程建设。高校要把教育部推出的最新版思政课教材作为主教材，加强该课程体系的相关建设，将社会主义核心价值观的重要内容融入书本和课件中，使其进课堂，并深入思想领域；在此基础上，积极组织教师骨干队伍设计和编制教学课件并组织教案集体讨论，以此提高课堂教材内容的质量。其次，要把师资队伍建设作为主体，特别是党员干部、任课教师和辅导员、班主任以及思想政治教育工作者。最后，要把大学生思想政治教育作为主要目标，努力构建全员制综合教育体系。在大学生社会主义核心价值观教育过程中，除了传统的课堂教育、主题班会宣讲的教学方法外，还必须依据学生的思想特点，创新思想政治教育的内容、形式、方法，多用一些学生乐于接受的文体活动来吸引他们的注意力，用详尽透彻、清晰具体的理论在无形中净化他们的头脑与思想。

③坚持社会主义核心价值观与制度文化相结合

第一，社会主义核心价值观与依法治校相结合。高校要把依法治校作为教育发展进程中的根本原则。首先，高校管理层要有依法办事、照章行事的态度，要拥有坚定的法治观念和法制意识，不能无的放矢，本着公开、公平、公正的原则，把学校教育管理的各方面融入依法治校的根本理念中，在制度文化建设中要做好效果的监督、理念的灌输、制度的规划。其次，要高度重视法制内容的教育和宣传，加强培养师生法律意识和法律教育，帮助高校师生群体树立法律意识来保护自身的权益。努力培养按制度办事的意识和习惯，积极践行的社会主义核心价值观。

第二，社会主义核心价值观与民主治校相结合。在高校发展建设管理过程中，必须要体现民主监督、民主管理、民主决策、集中民治的治校方针，从而实现整体优化。首先，高校领导班子干部作为学校的直接管理者要充分发扬民主，对师生要具备一定的权力分配和平等权，把权力用好才能服务好高校的方方面面。教育与监督要双管齐下，让师生积极参与考核和评价。其次，要做到校务公开、政务平台透明化、权责分明、扩大知情权，完善学校内部治理体系的建设，构建权力监督和政务信息公开的制度。在制定学校制度和重要事件的决策时，为了使其科学化、民主化、合理化，应肯定师生的主导地位，通过各种渠道收集建议、设立意见箱，参考广大师生的意见，保障学校协调有序发展。

2. 理想信念融入大学校园文化建设

理想信念作为一种特殊的人类精神现象，主宰人的心灵世界，制约人的价值取向和行为选择，它是世界观、人生观和价值观的集中体现，对于个人优秀品德的培育，国家民族的繁荣富强，具有方向指引和动力支撑的作用。[①] 由此可见，理想信念对于国家、社会发展及个人进步有重要的意义。大学生作为促进社会发展的重要后继力量，处于世界观、人生观及价值观形成的重要时期，加强理想信念教育对大学生个体以及社会发展都是非常重要而且必要的。

高校是培养大学生理想信念教育和思想政治教育的主要场所。思想政治理论课是开展大学生理想信念教育的主渠道。加强大学生理想信念教育要在发挥主渠道作用的基础上，不断创新教育形式，丰富教育内容，拓展教育渠道，将理想信念教育融入大学校园文化建设，切实优化校园文化和校园舆论环境的建设，充分体现大学校园文化精神教育的实效性，提高大学校园文化的教育效能。

（1）加强校园文化建设以凝聚氛围

校园文化是在校园这个特定场所中所形成的某一学校特有的、不同于其他环境的精神文化和物质文化的有机结合，在学校教育中起着至关重要的隐性教育作用。增强校园文化阵地的防范意识能抵制不良思想文化或者意识形态的侵入，同时积极培育和弘扬学校精神教育，强化校风学风班分教育，潜移默化地将校园文化渗透到大学生的日常教育与管理中，启发大学生心智，使得高校能够做到规范化管理并形成良好的校园文化氛围。

美好和谐的校园文化能够润物无声地激发学生的乐趣，激发大学生的好奇心，同时能够促进大学生远大理想和坚定信念的确立，能够促进世界观、人生观、价值观的全面科学发展，进而对大学生理想信念教育产生极大的帮助。所以，要进行大学生理想信念教育就必须要全力进行校园文化建设，把理想信念教育工作作为校园文化建设的重点，大力营造美好和谐的校园文化氛围。比如，将马克思经主义典作家关于理想信念的经典论述以标语的形式醒目地展示，以此来熏陶大学生进而达到理想信念教育的效果，还可以通过社团举办以理想信念为主题的各种校园文化活动或者借助校园广播等手段进行理想信念教育。通过大力加强校园文化建设，会凝聚更多的

---

① 吴潜涛. 正确理解理想信念的科学含义 [J]. 教学与研究, 2011（04）：5.

内在动力，创造更好的教育环境，取得更好的教育效果。

（2）加强校园舆论环境的建设以优化环境

校园舆论环境关系着大学生理想信念教育的实施方式和教育效果，对大学生理想信念教育起着不可忽视的作用。由于网络的发展和社会的进步，使得高校校园舆论环境变得复杂多样，鉴于此，要加强高校校园舆论的建设，同时要建立、健全和完善高校校园舆论机制体制。网络是高校校园内最为流行、最为便捷的传播途径之一，充分利用好高校校园网络舆论环境建设，能够为大学生理想信念教育提供良好的网络舆论环境，保证大学生理想信念教育的网络环境健康安全。

高校校园话语环境是大学生生活所不能离开的，是大学生理想信念教育的重要环境保障。要加强高校校园话语环境建设，就是要在尊重和保障话语自由的前提下对高校校园的话语权进行规范和管理，以保证高校校园话语环境的安全，为大学生理想信念教育提供安全的校园话语环境。

（三）将时代精神教育融入大学校园文化建设

笔者认为，当代大学生应该拥有的时代精神包括敢于创新、敢于改革的精神，开放思想、兼容并蓄的精神，实事求是、科学发展的精神，奋勇争先、锐意进取的精神等。时代精神和校园文化建设是相互联系、相互作用的有机统一。培养大学生的时代精神要依托校园文化这一载体，而大学生要从时代精神中汲取营养，校园文化要体现时代精神的创新性、多元性、人本性、开放性等特征。因此，在大学校园文化建设中融入时代精神教育，是大学生全面发展的需要，也是高校高质量发展的需要，更是时代发展的需要。

1. 坚持在校园文化建设中与时俱进、求实创新

大学校园文化对学生的成长成才具有微妙的影响，它是所有成员在长期的工作生活中逐步形成的价值观念、行为规范、工作思想和团队意识。开展校园文化建设，不仅是高校适应、调节社会环境影响的需要，同时也是培育时代精神的重要方式。校园文化要与时俱进，这是时代的要求，也是教育本身的需要。思路上，要在变中求新意、求精；内容上，要带给学生的不仅是知识的补给，情趣的添加和视野的开阔，更是人格的升华和创新能力的提高；方式上，要把校园文化活动的触角延伸至校外，建立社会

实践基地，形成校园和社会互动的网络。充分利用校园文化阵地，广泛开展时代精神教育，应主要从以下几方面开展。

一是大力弘扬时代精神。时代目标催生时代精神，时代精神引领时代目标。通过宣传和学习体现时代精神的优秀代表的先进事迹，培养大学生求真务实、严谨治学的态度和品质，使其焕发争先创新的时代风采。

二是广泛开展创新实践活动。大学校园文化不仅要更好地发挥其教育导向，还应该充实和发展校园文化自身的功能和内涵。学校的科技文化活动和社会实践活动应该展现其浓厚的时代气息，以形式活泼、贴近学生、突出重点、为学生喜闻乐见且乐于参与为主题，让大学生从中感受到改革创新的乐趣，以便他们进一步理论联系实际、并能利用所学知识服务社会，更好地培养以改革创新为核心的时代精神。

例如，四川师范大学数学科学学院的数学文化节于2005年举办了第一届，到目前为止已成功举办七届，通过开展"数学嘉年华"游园活动、"我的数学情"演讲比赛、"生活中的数学"寝室美化大赛、"趣味数学知识"竞赛、数学文化成果展进中学等活动，在全校掀起了"爱数学，其乐无穷；学数学，受益终生；用数学，无处不在"的热潮。文学院的青葵干部培训营，自2006年起，至今已近连续举办了十三届。这是一个针对学生干部开设的特别培训班，旨在通过公文写作、户外素质、演讲培训、社交礼仪等一系列活动增强学生会干部对学生工作的了解，培养学生干部的团队意识、服务意识和责任意识。学生干部竞选特色活动——学生会主席直选自2008年开办至今，已成功举办了十一届，活动积极发挥优秀学生的先锋模范作用，通过见面会、笔试、班团建设活动展示、院级观摩活动展示、辩论赛和大选之夜"无领导小组讨论"等环节，综合考察主席直选候选人，最终选出"民意所向"的学生会主席。国际教育学院常年开设"嘤鸣讲坛"，开展语言学、文史哲、国外汉学、汉语国际教育等专业前沿学术讲座，提升学生国际视野，至今已开设了百余场讲座，学生反响热烈。

2. 加强高校品牌文化的创建与应用

（1）高校品牌文化建设的社会价值

①高校品牌文化是高校展现中国文化自信的靓丽"名片"

高校肩负着文化强国的重要使命和责任担当，建设和打造新时代高校校园品牌文化建设正是对中国特色社会文化建设和文化自信的生动表达和担当作为。新时代高校校园品牌文化的凝练必须以学校办学的历史积淀为基础，内容应该涵盖高校校园精神文化、生态环境文化、制度保障文化和行为塑造文化等。

②新时代高校品牌文化建设是做好新时代思想政治教育工作的现实需求

新时代高校品牌文化建设工作如何做好文化强校、文化育人、文化塑人工作，迫切需要高校在人才培养工作中加强校园文化建设，加大校园品牌创建活动，将校园品牌创建、实施和思想政治教育工作有机结合，形成"一校一品，一品一特色"的思想政治教育文化品牌。

③新时代高校品牌文化建设是满足大学生德智体美劳全面发展的客观需求

高校创建新时代高校品牌文化就是要主动去满足大学生成长成才过程中对大学精神和大学文化的迫切需求，破解大学生群体对日益增长的美好文化生活的向往和不平衡不充分发展之间的矛盾。

（2）高校品牌文化的创建

①用习近平新时代中国特色社会主义思想指导高校品牌文化建设

习近平新时代中国特色社会主义思想是马克思主义中国化的最新理论成果，高校品牌文化建设过程中必须坚持用习近平新时代中国特色社会主义思想培养人、塑造人，积极引导全校师生学习和笃行习近平新时代中国特色社会主义思想，积极进取，勇不懈怠。

②用社会主义核心价值观教育抢占高校品牌文化建设的"制高点"

社会主义核心价值观高度凝练和阐释了全社会应该倡导和践行的科学价值取向，为大学校园文化，尤其是校园品牌文化的创建赋予了鲜活的精气神，引领了高校校园和社会真善美。社会主义核心价值观教育是高校校园品牌文化建设的"火力点"，必须积极出击，主动抢占文化建设高地，进而让社会主义核心价值观教育在校园像空气一样无时不有，无处不在。

③用校园特色文化活动塑造高校品牌文化

大学校园文化活动历来是多姿多彩，精彩纷呈。每所高校的校园活动都有其共性，也有其个性。高校要充分结合新时代中国特色社会主义先进文化和自身校园文化建设规划，因时而进，因时而化，勇于守正创新，打造高校校园品牌特色文化。[①]如曾获得"人大十佳优秀社团""全国百佳学生社团"称号的中国人民大学的临界动漫协会，他们的品牌活动之一就是每年一度的大型漫展——"首都高校动漫文化节暨动漫媒体论坛"，安徽大学环境保护协会的精品活动是"环保手工大赛"，还有华中师范大学青年志愿者协会的"织温暖活动"等。再如陕西师范学院学生社团学前社举办的下园活动、手工兴趣小组、绘画兴趣小组、钢琴比赛等，这些活动都是基于学生专业，培养了学生的专业技能。其中每年举办的钢琴与儿歌弹唱大赛，得到了学校的大力支持，每年都有许多优秀的学生参与比赛。因为注重每一次活动的宣传和准备，对每一次活动进行认真总结反思，注重活动的延续性，最终，此活动成为学前社的品牌活动，学前社也因此更加受人关注。

（四）弘扬中华优秀传统文化，建设和谐校园

任何国家的富强与发展都离不开优秀传统文化的继承与创新。中华优秀传统文化能够加深学生对传统文化精华的理解，逐步为学生建立起博爱、塑魂、兼容并蓄的和谐有序校园环境。

1. 在大学校园文化设施投入中融入中华优秀传统文化

中华优秀传统文化融入大学校园文化建设是一项需要充足资金投入的工作，为此高校应该为此项工作编列专门预算，在财政划拨款中编列专门款项；高校也可以依靠社会多方面的力量，多形式、多渠道地筹集资金，将资金有效地融入到大学校园文化建设的各个环节，确保校园文化建设任务如期完成。

中华优秀传统文化融入大学校园文化建设离不开丰富的图书馆藏。高校要做好中华优秀传统文化融入大学校园文化建设工作，就必须为广大师生购买相关的宣传马克思主义理论、哲学社会科学类图书、通俗易懂地弘扬中华优秀传统文化方面的书籍、中国近现代史、时事政治等方面经典和最新书籍，让广大师生在阅读过程中学习和弘扬中华优秀传统文化。

2. 在校园文化景观建设中融入中华优秀传统文化

校园文化景观是校园物质文化建设的亮点，也是校园物质文化建设中

---

① 石芬芳. 高职院校品牌文化的增值机理与提升策略 [J]. 职教通讯，2018（15）：1-5.

最具生命力和感染力、最具人文精神和人文特质的物质载体。高校要十分重视校园文化景观建设,努力做到系统布局、整体设计、意义鲜明,建设美丽、优雅、绿色的校园环境。

在进行校园文化建设规划时,要根据学校的历史和传统对校园文化景观建设做好顶层设计,创新设计学校形象识别系统,凸显学校地域文化、历史传统、革命文化。以塔里木大学为例,校园里保留的一些建筑遗迹展现了学校在艰苦环境下的发展历程;校园到处可以看见宣传正能量的标语;展现校园文化风格与学科特点的道路均有命名,如枣园路、梨园路、桃源路、银杏路、大学路、王震大道、梧桐大道等;重要位置矗立着该校第一位名誉校长王震将军的铜像;主教学楼前的校园文化景观主要展示不朽的胡杨,突出了学校用胡杨精神育人、为兴疆固边服务的办学宗旨。

3. 在大学校园文化活动中融入中华优秀传统文化

常态化地开展校园文化活动能发挥重要的育人功能,可以提升大学生的人格修养和爱国、爱社会主义情怀。

(1)在"高雅艺术进校园"活动中融入中华优秀传统文化

"高雅艺术进校园"活动是国家教育主管部门为促进高校素质教育而实施的重要举措之一。活动开展以来,始终以立德树人为根本任务,以改进美育教学、提高大学生艺术审美和综合素质为目标,通过内容丰富、形式多样的活动丰富了大学生的精神世界与学习生活,提高了大学生的艺术修养。如陕西能源职业技术学院2018年10月至11月举办了"京剧进校园""青曲社相声进校园""秦腔进校园",这三场活动使学院师生近距离地感受了高雅音乐艺术的魅力及老艺术家们追寻中华优秀传统文化的执着精神,增强了传承中华优秀传统文化的校园氛围,进一步提高了师生对高雅艺术的认知水平,提升了师生的艺术修养和综合素质。

(2)校园主题文化活动中融入中华优秀传统文化

高校可以围绕传统节日开展一系列主题教育活动,以此为契机让学生了解传统节日来历、风俗习惯形成过程等,增强大学生对传统节日的认知和认同。例如,陕西能源职业技术学院院团委、学工部和思政部精心组织举办了校园感恩主题教育活动,活动中学生们用签名、发微信、打电话、召开座谈会等方式表达了对父母的养育、老师的培养教育、同学的相伴和社会的关怀等的感恩；西安科技大学举办了"校园胡杨林"讲座，旨在弘扬西科人办学创业中的胡杨精神文化，同时邀请学校知名书法家牛迈程大师讲授中华书法艺术及其蕴含的民族文化，引导听众热爱书法，学会欣赏书法艺术，达到了增强学生文化自信心和弘扬中华优秀传统文化目的。

（五）加强新媒体在校园文化"立德树人"中的作用

大学校园向来都是"新生事物的竞技场"，大学生在热情拥抱时代宠儿——新媒体的同时，新媒体也深刻改变着大学校园的每一个实践主体。风起云涌的新媒体浪潮使富有思想政治教育功能的大学校园文化从内容到形式发生着革命性的变革，大学生无时无刻不受到新媒体革命带来的"新文化"的冲击。因此，加强新媒体在大学校园文化的"立德树人"功能有着重要的理论价值和时代意义，是培养社会主义现代化的合格建设者和接班人的时代诉求。

1. 新媒体时代大学校园文化思想政治教育的特点

大学校园文化是一个复杂的环境体系，新媒体以其开放性和交融性使得大学校园文化在新媒体时代这一大背景下愈加复杂。概括来说，新媒体时代大学校园文化的思想政治教育功能具有以下特点。

（1）不确定性

校园文化内涵丰富，而"校园人"对校园文化的感受大多依赖于物质环境和校园文化活动。高校在营造校园文化之时虽遵循一定原则，按照一定计划来执行，但却存在一定的"堆砌"之感——有的校园虽设计感十足，却缺乏逻辑与特色。过分地重视校园物质文化建设而轻视校园精神文化建设是当前高校普遍存在的问题。大学校园文化的思想政治教育功能更多的是一种无声的力量，是"校园人"在潜移默化中内化吸收的。校园文化的思想政治教育功能因无法纳入通识课程加以强化，更多的是人为感知，这依赖于主体的感知。面对同一校园环境，不同个体可能会产生不同的认知，即使相同的个体在不同时期可能也存在不同的认知。因此，校园文化的思想政治教育功能充满不确定性，尤其是在新媒体时代校园文化环境复杂多变，海量信息争相涌现，大学生徜徉在信息的海洋里却无法正确选择自己所需的信息，面对复杂的信息往往束手无策。新媒体时代大学校园文化的思想政治教育功能是否有效发挥充满了不确定性。

（2）潜在性

所谓潜在，即在当下无法被准确感知却在未来确实有可能出现的一种状态。校园文化的思想政治教育功能的潜在性体现在它是不以人的意志为转移的，是在无形中影响"校园人"行为习惯以及思维方式的一种无声力量。由于新媒体时代校园文化思想政治教育功能具有潜在性这一特征，使得当下学校管理者以及教育工作者没有及时认清其重要价值，缺乏应有的重视。校园文化的思想政治教育功能的潜在性使得校园文化的思想政治教育工作只能是一种无言的教育，校园文化建设意在强调一种"此时无声胜有声"的哲学意蕴。"校园人"通过日常的学习生活以及学校环境氛围等非确定教育因素来影响自身的理想信念，使自身不自觉地将校园精神文化内化吸收，产生对自身有正面意义的效果。

（3）综合性

如何发挥校园文化"1+1>2"的思想政治教育效果，是学界迫切需要解决的问题。校园文化的复杂程度并不是其物质文化与精神文化等各结构复杂程度的简单叠加，也不取决于某一个结构的复杂程度。因此，其教育意义也并不是各个结构的教育意义之和，更不是某一个结构的教育意义。这里就体现了校园文化"1+1>2"的独特魅力。校园文化的思想政治教育功能的特点在于，其是各个结构的结合，虽取材于每一个教育结构以及教育因素等，却又以高于每一个教育结构以及教育因素的价值存在。新媒体时代综合校园文化各教育因素以发挥校园文化的思想政治教育功能是其又一大特征。

（4）持续性

校园文化对学生思想品德的影响并不是一蹴而就的，其影响产生于学生进校之日起，甚至是在学生搜集学校相关资料、报考本校之前。学生在搜集资料之时便会对学校有理性的认识，通过考察增加感性认识，对校园文化有了一定的感知之后将主流思想自觉内化，使之成为自身思想品德的一部分。学生良好品德和积极的态度不是一次课外活动就能够习得的，也不是参加一次学术研讨就能够进一步提高的，更不是开展一次社会实践活动就能够获得的。新媒体时代大学校园文化的思想政治教育功能充满了不确定因素，因此要想达到校园文化思想政治教育功能的最大效益就必须持续输出校园文化的积极影响，化被动为主动。

（5）评价机制的困难性

正是由于大学校园文化在新媒体背景下呈现出以上特点，导致其评价具有一定的困难，人们很难对校园文化思想政治教育功能进行量化分析。潜在性与不确定性的特点使得校园文化的思想政治教育功能无法准确建立评价机制，或者说评价机制的建立需要不断随着潜在因素而发生相应变化。综合性这一特点要求制定出既符合各作用因素又符合综合影响因素的评价机制，由于思想政治教育效果需要以长远的角度才能体现，所以满足于当下的评价机制可能会随着时间的推移而逐渐失效，因此，关于建立校园文化思想政治教育功能的评价机制困难重重。如何构建一套切实可行的校园文化思想政治教育功能评价机制是当前高校应着力解决的实际问题。

2. 新媒体时代大学校园文化思想政治教育功能的实现

（1）坚持"立德树人"原则

培养富有时代特色的高校校园精神，有其不同的视界和维度，它关涉对大学校园文化思想政治教育意义的体系、内容的确定和方法的选择等。将"立德树人"作为新媒体时代大学校园文化思想政治教育功能实现的重要原则，这既是时代的呼唤，也是理论的要求、现实的选择，更是培养大学精神，建设校园文化不可或缺的内在保证。

当前大学校园是影响大学生成人成才最基本的文化环境和教育渠道。"立德树人"强调伦理性与道德性，而这两个特点又是大学的内在本质要求，将立德与树人作为校园文化建设的重要原则有利于"校园人"形成共同的价值判断与价值选择，进而内化为大学精神，构筑师生共同的精神家园。

（2）加强队伍建设，提升思想政治教育工作者的新媒体素质

科技腾飞伴随着的是未知的机遇，但若不能把握方向，技术发展也会带来伦理道德的缺失等。高校思想政治教育工作者必须坚定信心，保持高度的责任意识，以培养社会主义接班人为己任，忠于职守，提高新媒体综合素质，转换自身角色；同时，加速自身专业素质与新媒体技术融合的进程，积极学习新媒体信息技术，掌握新媒体与思想政治教育工作的内在关联，将新媒体综合素质内化于心，外化于行。同时，思想政治教育工作者要善

于利用新媒体工具,切实实现自身的角色转换,变"知识漫灌"为"知识滴灌",实现精准对接学生的真实需求。思想政治教育工作者可开通新媒体平台咨询服务、开通微信公众号,将课堂内容与推介内容相结合,激发学生预习和复习的欲望,以便思想政治教育工作者能够及时关注到学生的真实需求,从课内延伸到课外,准确掌握学生的思想动态和心理变化,及时作出反映,构建无时差、高效率的教育模式。学高为师,身正为范,高校思想政治教育工作者在扎实自身专业素养的同时,还应时刻注意加强自身的行为规范和道德素质,面对诸多诱惑要自觉加以抵制,只有这样,才能提高大学校园文化以文化人的主动性。

（3）丰富校园文化活动,构建健康人际网络

新媒体的到来改变了大学生以往的沟通方式和思维方式,大学生之间的人际关系趋向虚拟,呈现出虚拟化与现实化的交织。在日常生活中,部分大学生社交能力渐渐衰退,那些在网络上口若悬河、滔滔不绝的大学生一旦将话语场合转为现实生活中时,则纷纷选择了沉默以对;便捷的搜索引擎使得很多大学生秉持"拿来主义",对相关信息不加甄别,这是大学必须解决的现实问题。校园文化建设以建设校园物质文化为基础、以校园精神文化建设为灵魂,依托于校园活动而展开。校园活动直接影响着大学生的社交能力与人际沟通能力。大学培养的不仅是知识型人才,更是应用型人才,需要培养全面发展的人。通过各类校园文化活动,能够提高学生实践能力,培养学生的责任意识,激发学生的组织与协调能力,帮助学生树立全局意识和大局意识,完善学生的人际关系网络,促进学生的全面发展。此外,在校园活动中通过自我管理获得的成就感与满足感能够使学生对校园文化产生更为强烈的认同感,增强自信心,使学生在无意中接受校园文化的熏陶与感染,感受正能量。

总之,通过在大学校园文化建设中融入大学精神教育、思想政治教育、时代精神教育、中华优秀传统文化教育,加强新媒体在校园文化"立德树人"中的作用,丰富"立德树人"视域下大学校园文化建设发展的内容,打造出独具特色的校园文化,推进大学校园文化建设的持续发展,进而提升大学生的人文素质、精神品质、道德修养,促进其全面发展,为实现中华伟大复兴中国梦贡献自己的力量。

第六章　“立德树人”视域下大学校园文化

建设发展的方法和路径

　　伴随着社会主义市场经济的深入推进，经济全球化进程的加快发展，整个社会的政治、经济、文化、教育乃至日常生活，都产生着重大而深刻的变革，大学校园文化建设面临严峻挑战。在积极探索校园文化建设发展路径的同时，我们要大胆创新校园文化建设发展方法，这是高校校园建设发展创新的关键所在。邓小平同志曾指出：“政治工作的根本的任务、根本的内容没有变，我们的优良传统也还是那一些。但是，时间不同了，条件不同了，对象不同了，因此解决问题的方法也不同。”①“立德树人”视域下的大学校园文化建设工作必须不断适应社会发展变化的新形势，抛弃不切实际、不合时宜的传统做法，借鉴思想政治教育现有的方法并加以创新。

　　本章依据校园文化的独特特征，提出采用渗透教育法、感染教育法、激励教育法、实践教育法、约束教育法和自我教育法等建设大学校园文化，从整体规划、教育环境打造、大学生自我教育三个维度提出大学校园文化持续发展的路径，以提高大学校园文化“立德树人”的思想政治教育功能。

一、“立德树人”视域下大学校园文化建设发展的方法

　　大学校园文化建设说到底是通过思想政治教育来达到以文化人、以文育人的目的，充分发挥校园文化的育人功能，实现“立德树人”的教育目标，因此，大学校园文化建设离不开各种文化育人要素对大学生的影响。不同的文化育人要素对大学生的影响方式有所不同，所运用的育人方法也不尽

---

① 邓小平. 邓小平文选（第二卷）[M]. 北京：人民出版社，1994：119.

相同。大学校园文化在育人方法上主要强调文化的柔性力量，强调文化育人的潜隐性，即大学校园文化能够以润物细无声的方式，潜移默化地教化人、影响人；强调在文化环境中对大学生进行熏陶感染；强调大学校园文化的生活化育人，在日常生活实践中完成育人过程。大学校园文化育人的这些特点决定了大学校园文化建设的方法要具有多样性。高校应该在充分了解校园文化育人规律和特征的基础上，充分运用各种文化要素的育人力量，不断完善大学校园文化建设方法，可以通过文化的浸润、感染、激励、体验、约束以及大学生的自我教育等方法促进大学生全面发展。

（一）渗透教育法

渗透教育法是"教育者将教育的内容渗透到受教育者可能接触到的一切事物和活动中，潜移默化地对受教育者产生影响的方法"[①]。大学校园文化建设具有渗透性的特征，能够在建设过程中将其内在的文化价值观念渗透到大学生的日常生活与活动场所中，形成一定的教育氛围，从而潜移默化地转变大学生的思想观念，化人于无形。渗透教育法是一种隐性的教育方式，其育人的目的是藏而不露的，避免了过多的直接教育带给学生的疲惫与倦怠感，是大学校园文化建设的常用方法之一。渗透教育法的重点在于文化环境的营造，教育者应该着力打造良好的校风、班风、学风，将高校的育人理念与人才培养要求渗透到大学生的日常生活中，通过生活化的文化情境潜移默化地对大学生进行价值引导。对于校园文化氛围的营造，可以通过多种育人途径实现。如学生社团可以通过组织生动活泼的文化活动加强成员联系，培养大学生广泛的兴趣爱好，丰富大学生的文化生活；班级可以通过营造良好班风、学风，培养大学生的集体荣誉感与积极进取的精神；学校还可以借助新媒体，扩大主流媒体影响力，通过公众号等传播先进的思想文化，正确引导大学生的精神文化生活。渗透教育法强调对文化氛围的营造。文化氛围的形成需要一定过程，小到宣传标语与环境布置，大到一定规章制度的约束，以及师生间的相互交往都会在一定范围内形成独特的文化氛围。和谐健康的文化氛围，能够带给大学生积极的情感体验，使其不知不觉中受到文化的熏陶和感染。

① 郑永廷. 思想政治教育方法论 [M]. 北京：高等教育出版社，2010：170.

（二）感染教育法

感染是指通过语言文字或者其他形式引起他人相同的思想感情。感染教育法意味着从情感入手，借助一定的文化内容或形式来打开大学生的情感世界，从而感染、感化大学生，使其能够从内心深处接受和认同校园文化育人内容。情感上的触动与共鸣是感染教育法发挥作用的关键。一般来说，大学生群体更容易对情感色彩浓厚、表现形式具体生动的文化形式产生情感共鸣，也更容易接受这种形式下所包含的教育内容，变被动为主动，自觉接受校园文化的影响和熏陶。

丰富校园文化载体，借助优秀的文化产品与文化活动的吸引力对大学生进行感化，是有效实施感染教育法的重点策略。如组织观看《大国崛起》等震撼人心的主题影片、实地考察英雄人物生平事迹等方式都可以在一定程度上触动大学生的爱国情怀与人生感悟，提升大学生的精神境界。触发大学生情感体验的方式有很多，比如艺术形象感染、故事情境感染、群体互动感染等。教育者要充分利用优秀文化作品、群体性文化活动以及参观访问、实地考察等丰富大学校园文化建设形式，激发大学生的情感共鸣，使其在校园文化感染中自觉接受文化影响。感染教育法的运用要求教育者要深入了解大学生的成长经历与个人特点，以满足大学生的情感需求、寻求情感共鸣为切入点，有针对性、有选择地开展文化活动。例如，开展感动校园先进人物评选与学习活动，利用先进人物事迹对大学生形成榜样示范作用；组织学生走进养老院、孤儿院，在志愿服务中培养奉献社会的思想情操；引导学生组织参与形式多样的集体活动，如文艺作品竞赛、校运动会、院系团委活动等，通过文化活动营造生动活泼的校园文化氛围，让大学生在活动参与中感受与维护集体荣誉，受到良好风气的感染，触动内心真实情感，进而实现寓理于情、以情育人的目的。

（三）激励教育法

大学校园文化是一种群体文化，能够利用群体文化的特有力量，激励个体向群体期望的目标行动。激励教育法是利用大学校园文化中的正能量，如优秀学子与道德榜样的示范作用，来激发大学生的主观能动性，强化大学生提升自我文化涵养与道德素养的内在动机，促使其为实现理想而努力。

建立具有公平性与稳定性的奖励机制能够有效促进大学校园文化育人功能的发挥，如通过奖学金制度进行评优选优，能够有效促进大学生在学业上积极进取，有利于良好学风的形成；给予品行优秀的学生以荣誉嘉奖，能够激励大学生的良好行为，鼓励其将道德认识运用于道德实践。大学校园文化所形成的激励更多地是一种精神激励。精神动力是促进大学生成长成才的深层力量。在大学校园文化建设实践中，激励教育法可以通过多种方式进行：通过引导大学生树立远大理想，激发大学生丰富自身精神世界的内在动力；通过树立典型，奖励先进，惩处不良行为规范大学生在日常生活中的言行；通过培养竞争意识，来激励大学生丰富自身文化涵养，提升综合素质与能力。教育者在运用激励教育法进行校园文化育人活动的过程中，要充分了解当代大学生成长的时代条件，关注其全面发展的内在诉求，要解决和满足大学生的实际需求，使其产生长足的内在动力，还要通过制定合理公正、奖罚有度的激励制度来保障激励教育法的有效实施。

（四）实践教育法

行为文化也是大学校园文化的组成部分和表现形态。开展丰富多彩的实践活动能够加强校园行为文化建设，使大学生在活动体验中提升思想道德素养。对于大学校园文化来说，文化活动是其重要的育人载体。各种主题文化活动、志愿服务活动为促进大学生思想品德的内化与外化提供了实践基础，是发挥新时代大学校园文化育人功能的丰富实践资源。大学校园文化建设要充分运用实践教育法，挖掘实践中蕴涵的文化育人内容，将实践教育的形式与文化育人的内涵相结合，寓教于行，使大学生在精心设计的实践活动中接受文化的熏陶，增强道德实践能力。实践教育法也能够充分发挥大学生的主体意识与创新意识，而培养大学生的主体意识与创新意识是新时代大学校园文化育人功能发挥的教育目标之一。例如，东北师范大学红烛志愿者协会开展了以支教助学、环境保护、社区服务、帮贫济困等为主要内容的多种志愿服务活动，在培养学生、服务社会的过程中为本校的校园文化建设添上了浓墨重彩的一笔，形成了特色的文化品牌，对大学生形成了更加深远、更为广泛的有利影响。再如重庆财经职业学院"三财"文化是以塑造良好德行为核心的"财品"文化、以培养扎实技能为核心的

"财智"文化、以提升创新精神为核心的"财英"文化的素养教育品牌（以下简称"三财"文化）。将"三财"文化融入社会主义核心价值观的培育和践行中去，常态化开展"我的中国梦""不忘初心跟党走""青年马克思主义者培养工程""财经十大风云学子"评选等系列主题活动，形成了思想引领的线上线下专栏、专题党课、座谈研讨、知识竞赛、实践活动加"一院一特色"的"5+1"格局。

大学生能够在实践体验中去获取知识、转化情感、坚定意志、深化信念、巩固行为，有利于其思想品德的内化与外化，是大学校园文化建设的重要途径。高校可以利用学生会与学生社团等组织，鼓励大学生积极参与班级文明建设、主题鲜明的社团活动、暑期支教活动、志愿者服务活动等，在实践中接受不同文化氛围的影响。

（五）约束教育法

高校的各种规章制度所体现的制度文化与行政管理人员在教学管理过程中所形成的管理文化，能够通过对大学生产生内在或外部的压力来约束大学生的言行。大学校园文化具有约束功能，能够通过一定的制度文化和道德评价标准，对高校师生产生实际生活中的或者心理上的压力，使其迫于这种外界施加的压力，转变自身的言行，使其符合大学校园文化的要求。通过管理载体促进大学生行为规范的养成，能够有效发挥大学校园文化对大学生思想和行为的约束功能。总的来说，约束教育法要求教育者要改善教学、科研管理和日常生活服务，坚持以学生为本，以调动学生积极性、促进学生成长为目的，借助组织管理、制度管理、生活管理等载体，寓教于管。运用管理教育法实现校园文化育人目标的重点措施是要树立以人为本的管理理念，建立健全学校的管理制度，淡化学校管理部门的行政作风，树立管理理念，形成良好的管理文化，以更好地服务师生为目标，把目标从"管"转向教育，给予大学生尊重与信任，提升大学生自主管理能力，体现"立德树人"的人文关怀。

（六）自我教育法

大学校园文化育人功能发挥是文化引导与自我教育相结合的过程，除了通过文化的浸润、感染、激励、体验、约束等外在地发挥作用外，大学生的自我教育也是很重要的方法。"所谓自我教育法，是指受教育者根据自身发展的需要，通过自学理论、自我修养、自我调控等方式提高和完善自我的方法。"① 大学校园文化建设需要依赖大学生对于教育的积极接纳与感悟内化，通过一定文化环境的浸润、感染，以及各种文化活动的实践体验，大学生在接受文化熏陶的过程中，逐渐促进自身思想观点、价值观念、行为习惯等的改变，不断提升自我。从这个意义上来讲，大学校园文化建设内容的主动学习和内化是大学校园文化建设的关键环节。教育者在具体实施大学校园文化建设活动时，要注重培养大学生的主体意识与参与能力，使其能够在文化的熏陶下主动接受先进思想理论的指导，主动吸收内化为自己思想品德的有机组成部分，自觉提高自身的道德素质。教育者要善于激发大学生提升自身人文素养的动机，通过营造良好的校园文化环境，使学生产生自觉学习、自我调控的内在精神动力，促使其主动接受大学校园文化的有利影响。

二、"立德树人"视域下大学校园文化建设发展的路径

（一）整体规划维度

对大学校园文化建设进行整体规划，能够充分调动文化主体的积极性，合理配置文化资源，使各种育人要素发挥最大功能。

1. 构建多元主体合力育人模式

大学校园文化建设体系中存在着多种育人力量。大学校园文化是由高校师生员工共同创造的，其文化主体本身就具有多元性。充分发挥高校党政系统、辅导员队伍、教师等文化主体在育人中的不同作用，能够更加有效地推进大学校园文化建设与可持续发展。

（1）发挥党政部门对大学校园文化建设的组织领导作用

高校要加强学校党政部门对校园文化建设的组织领导，使大学校园文化建设实践能够有序进行，并得到长效机制的保证。将大学校园文化建设置于高校党委的直接负责下，是保证大学校园文化建设坚持社会主义方向

---

① 靳玉军，周琪，主编. 思想政治教育学原理 [M]. 重庆：西南师范大学出版社，2015：118.

的组织保障。一般高校的做法是党委宣传部承担高校校园精神文明建设或校园文化建设。这种做法有利于坚持党对大学校园文化建设的领导，保证育人方向的政治性。例如，清华大学明确规定了清华大学党委宣传部（新闻中心）要承担精神文明建设工作和校园网络文化建设的职责。包括综合协调全校精神文明建设活动，组织制定全校精神文明建设年度工作计划和工作总结等具体工作；北京大学党委宣传部（新闻中心）明确自身职责包括负责校园文化的宏观管理，突出精品战略，加强对文化社团及文化活动的指导和支持，营造良好的校园文化氛围。高校的党委宣传部能够从高站位对大学校园文化建设进行全局谋划与整体设计，能够有效保证大学校园文化建设的正确方向。高校应发挥辅导员推进大学校园文化建设的重要作用，因为辅导员处在高校思想政治工作一线，与大学生交往密切。高校要加强辅导员队伍建设，增强辅导员政治意识与专业化发展，使其掌握自觉运用大学校园文化对大学生进行价值塑造、行为示范和文化引领的能力。

（2）发挥教师对大学校园文化建设的推动作用

教师作为教育者，在大学校园文化建设中居于主导地位。教师在其教育教学中以及与学生的交往中所展现的自身形象、所传达的文化价值取向、对事物的态度，都会对大学生的思想观念系统产生直接影响。从根本上来讲，教育者自身综合素质的高低决定了其价值引导力的大小。高校要注重发挥教师对大学生成长成才的示范与引导作用，要提升教育者的价值引导力，必须从提高教育者综合素质抓起。新时代加强教师队伍建设，提升教师的专业水平与师德师风，需要严守教师进入机制，加强对大学教师的培训与考察，建立健全惩处与激励机制。总体来说，教师素质的提升对于树立良好的教风，对大学生养成良好的学术行为具有示范作用，这需要学校与教师自身的共同努力。高校可以通过改善教师晋升制度、开展理论学习活动以及制定各种考察机制来鼓励和敦促教育者提升科研能力、遵守学术规范，形成良好师德。从学校层面来讲，建立高校师德建设长效机制的主要途径包括对教师进行教育引导、宣传典型、考核监督、激励惩处等，能够充分发挥学校的组织约束和制度规范约束作用。学校的师德建设机制是促进教师综合素质提升的外部驱动力，教师自身也需要为此做出努力，提升自身理论水平、坚定理想信念、遵守学术规范。

2. 树立科学的教育理念

"理念，即指导行为的最基本、最核心的思想认识，它既体现着对行为及其结果的理想性认知和理想性追求，也包含着对相应行为的坚信和持守。"①科学的教育理念是教育工作得以采取有效教育方法的基础和前提，做好大学校园文化建设工作，首先要确立科学的教育理念。加强思想政治教育的时代内涵、用中国梦引领科学伦理和学风建设、以学生完善人格的养成为关键是大学校园文化建设应该坚持的基本理念。

（1）加强思想政治教育"立德树人"的时代内涵

随着时代发展，大学生面临着越来越多的压力，诸如学业、就业、情感等。大学生应树立正确的价值观、时代观，在对自我进行正确认识的前提下，建立起属于自己的精神家园。高校应把培育和践行社会主义核心价值观融入高等教育全过程，落实到教育教学和管理服务各环节，从历史中汲取营养，深入挖掘和阐发中华优秀传统文化讲仁爱、重民本、守诚信、崇正义、尚和合、求大同的时代价值，使中华优秀传统文化成为涵养社会主义核心价值观的重要源泉。

2015 年印发的《关于进一步加强和改进新形势下高校宣传思想工作的意见》中提出，要切实推动中国特色社会主义理论体系进教材、进课堂、进头脑，大力提高高校教师队伍思想政治素质，不断壮大高校主流思想舆论。高校思想政治理论课是学生思想政治教育的主渠道、主阵地，我国高校思政课以马克思主义理论为基础，"思想政治教育的发展，需要从传统文化中挖掘优秀的精神资源，结合社会主义实践赋予其新的时代内涵"②，因此，要在马克思主义体系下，根据时代发展为思想政治教育注入新内涵，把握经典与前沿，从历史中汲取营养、智慧和力量，利用好课堂教学这个主渠道，在满足学生成长发展需求的同时，让"其他各门课都要守好一段渠、种好责任田，使各类课程与思想政治理论课同向同行，形成协同效应"③，从而深刻认识高校思想政治工作的重大意义、目标任务和基本要求。

---

① 骆郁廷，主编. 当代大学生思想政治教育 [M]. 北京：中国人民大学出版社，2010：72-73.

② 张耀灿，郑永廷，等. 现代思想政治教育学 [M]. 北京：人民出版社，2006：70.

③ 习近平在全国高校思想政治工作会议上强调：把思想政治工作贯穿教育教学全过程 开创我国高等教育事业发展新局面 [N]. 人民日报，2016-12-09.

（2）用中国梦引领科学伦理和学风建设

现代意义上的中国高等教育已有百年历史，尤其是新中国成立七十年来，中国高等教育经历了快速而又曲折的历程，有了跨越式发展，但仍面临着很多突出矛盾，尤其是学术性与功利性的矛盾尤为突出。中国高等教育要从"数量型扩张"向"质量型提升"转变，必须有专业和科学的理念作指导，让大学文化成为大学这一群体的价值取向和行为准则，以此影响学生人格的塑造。对学术的追求让路于对功利性目标的追求，大学人文精神滑坡、官僚化气息和官本位制度对大学影响严重。

高等教育作为文化传播和价值整合的主要载体之一，天然担负着保存、传承和创造高深文化和专门知识的使命，如今，全社会"重理轻文"现象依然严重，也存在重"术"轻"道"学术不端现象，僵硬价值观捆缚学生的现象也屡次发生，曾经多元和宽容的大学文化受到极大挑战。在近代中国社会学人类学发展历程中，曾有一个光辉灿烂的魁阁时代，费孝通是其开拓者，他提倡"普天之下处处是田野"，在良好的学术氛围中使社会学研究硕果累累。大学要切实履行文化传承创新的职能，坚守自身使命，自觉抵制浮躁、急功近利等不良思想，努力追求真理，崇尚学术。

2014 年 1 月，国家教育部颁布《高等学校学术委员会章程》，切实提高了学术组织在高校治理体系中的地位和作用，促进了学术权力与行政权力的相对分离、相互配合，为实现教授治校、构建以学术为中心的评价机制，提供了制度保障。大学不应在"争创一流"的过程中迷失方向，追求排名只会让越来越多的大学趋同，要给学生营造一个相对自由、独立的环境。马斯洛曾说，教育就是让一个人成为最好版本的自己，在读书求知这个自我提升的过程中，应学以致用，担当起科学道德与学风建设的重任，不唯上、不唯书、只唯实，才能在自由的氛围中进行学术研究，推动社会文明进步。高校也要重视科研和学术交流，坚持不懈培育优良校风和学风，防止"大而全"的发展模式，以传承教育传统、弘扬大学精神为契机，志存高远，着眼未来，方能凝心聚力，释放正能量，使全体师生共享世界一流大学梦带来的完美人生价值。

（3）以学生完善人格的养成为关键

大学是优秀传统文化的保存和传承之地，要培育和构建就中国特色、民族品格、时代气息的大学校园文化，必须着眼于"立德树人"的这一根本任务，把优秀传统文化作为大学校园文化的根基和源泉，发挥大学文化的引领和辐射作用。学生是学校文化建设的核心，要用社会主义道德规范加引导，促进学生发展、彰显文化的教育意义是学校文化建设的永恒主题。大学要建立起"崇尚学术、发扬民主、追求卓越"的大学文化，此外还要涉及理想、责任、为人处世的要义，以传承整理和创新知识为己任，在"上下求索"中凸显出其价值追求、理想信念、神圣使命。

党的十八大报告提出，要将办好人民满意的教育摆在改善民生和加强社会建设的首位，把立德树人作为教育的根本任务，凸显了德育的重要地位，赋予了德育发展新的内涵、使命和要求。大学扎根于中华五千年文明沃土，是弘扬民族优秀传统、塑造凝聚民族精神的中流砥柱，只有以海纳百川的博大胸怀，善于吸收消化世界一切优秀文化遗产，才能在古今中外的文化交融中，创造出高水平的文明成果，从而开物前民。高校作为传道授业的主场所，肩负着培养人才的重任，为此，在学生人格的养成方面，必须突破学校专业课程的局限，增加人文修养的教育力度。大学教育的最终归宿是完善人格，只有将传统教育文化与大学生实际相结合，才能产生更加积极的作用。

（二）制度建设

大学的制度文化建设是其他方面文化建设的制度保障，也是约束校园里一切行为、活动的准则，大学的制度文化要与时俱进，既要体现时代特点和学校特色，还要符合当代大学生的特点和需求，坚持以人为本的教育理念，完善相关机制和平台建设，为校园文化建设营造良好的制度环境，在良好的制度环境中培养大学生优秀的行为品质。

1. 依法治校与以德治校相结合

将依法治校与以德治校相结合，形成"以人为本，德育为先"的制度文化。大学的制度文化既可通过法规、条例、准则等正式的方式规范校园每个成员的行为活动，也可以价值观念、传统习惯、校风学风等非正式的方式无形中对校园成员起到约束作用，二者相辅相成。国家的治理一直坚持依法治国和以德治国相结合的原则，大学的管理和制度建设也要坚持依法治校和以德治校相结合，大学的校园制度一方面要符合法律法规的规定，与法律保持一样的高度，例如《大学教师职业道德准则》《大学学术道德规范》《大学生行为准则》等这样的硬性规定，以正式的方式确保大学教师和学生的行为合法，具有一定的权威性；另一方面，要凸显以德治校的原则，通过长期以来大学在管理、教学等方面形成的价值观念、传统习惯等非正式的文化氛围发挥对学生的思想政治教育作用，例如学生在课堂上文明的课上行为、自觉上交手机，在校园里文明排队打水、上车等，大学形成的非正式的文化氛围无形之中约束着大学生的行为活动。制定"以人为本，育德为先"的规章制度为师生们营造一个健康、优良、宽松的环境，在激励、规范和制约了师生的行为活动的同时，充分调动学生参与校园文化建设活动的积极性和主动性,营造一个健康、文明、自由、包容的校园制度文化环境。

2. 完善相关管理机制与平台管理制度

第一，要完善相关机制。促进大学教育、教学、科研、文化等有序进行也是制度文化建设的一部分，随着大学的发展、校园文化建设平台的创新，大学不仅要完善文化建设的相关机制还要注重对文化建设平台的管理。首先，要推动立德树人理念在校园文化建设中发挥作用，需要建立完善的领导机制、保障机制、评价机制和奖励机制。建立领导机制，大学的领导层要高度重视校园文化建设相关活动，并积极引导与文化建设相关的事业，设立专管机制统筹规划大学的校园文化建设，要求各相关部门要团结协作、紧密配合，为校园文化建设的相关活动做好的保障；建立保障机制，大学需要科学的研究和合理的经费保障，因此大学设立保障机制能够为校园文化建设活动的开展提供有力政策和制度依托；大学设立校园文化建设的评价机制可以对每项文化活动进行后期的评价和总结，可以广泛收集老师和学生对文化活动的建议，对于不同校园文化开展的负责主体进行绩效评估，提高立德树人工作的实效性；建立奖励机制，对参与校园活动积极性高的师生给予支持和奖励，鼓励教师将自己的教学和研究工作与文化建设相结合,鼓励学生将专业知识与文化活动相结合，在实践中营造良好的文化氛围，主动为学校的校园文化建设贡献力量，建立奖励机制能够在很大程度上提高师生参与校园文化建设活动的主动性和积极性。

第二，完善相关平台的管理制度。大学进行校园文化建设往往通过社团活动、网络宣传等平台开展,大学要完善相关平台的管理制度,规范社团活动的开展,监督网络信息的发布、规范大学生的上网行为、引导网络舆论导向,例如制定社团评定制度、网络平台实名制、监管制度等。

(三)环境打造

1. 围绕立德树人任务,凝练大学精神

大学精神体现着大学校园文化的核心与灵魂。新时代,大学要注重对大学精神的凝练,发挥校园文化"软环境"对大学生价值观念、思想情操与行为习惯的导向、熏陶、感染作用。对于以科研研究与教育教学为主要任务的高等教育来说,形成严谨、求真、务实的学术文化氛围,对于培养大学生学术理想与规范的学术行为有重要意义。因此,大学要着重培育大学的学术精神。学习是大学生当前的第一要务,也是其成长成才的一个重要衡量维度。新时代,大学要结合时代发展要求与学术研究特色,培育学术创新精神、学术诚信意识、学术责任意识与学术合作精神,树立良好的学术风尚,才能正确引导大学生开展学术活动。大学还应该树立以人为本的教育理念,充分尊重学生个性,正确处理教学与管理中的师生关系,致力于营造教学相长、尊师爱生、相互理解的和谐师生关系。此外,大学还要坚持开放、包容的文化态度,尊重文化的多样性,在多元文化的交流合作中吸收各种文明的优秀成果。

2. 优化物质文化建设,彰显立德树人的时代内涵

大学物质环境是大学全体员工和学生工作、学习、生活的基础,物质环境建设是大学校园文化建设的基础保障,物质文化建设作为大学校园文化建设的重要组成部分,在大学文化建设和校园文化建设过程中承担着重要的责任和使命,物质文化建设要彰显新时代立德树人的内涵,通过优雅的物质环境感染师生的心灵、陶冶情操,为教师教学、学生学习和成才营造良好的基础环境。

(1)建设优雅的校园环境和基础设施

大学校园环境和基础设施的建设都是物质文化建设的主要内容,校园环境和基础设施的建设能够润物无声、潜移默化地感染学生,在无形之中提高学生的修养、陶冶学生的情操、净化学生的心灵。初入大学校园,从

稚嫩走向成熟，难免会经历成长的烦恼，而优雅、清新的环境通常会起到舒缓心情、减轻压力的作用。另外，生活环境与人的习惯是相互作用的，生活在清新、健康、干净的校园，同学们也会自觉地珍惜干净整洁的校园环境，会收敛自己的不良习惯和不文明的行为，久而久之同学们也就养成了文明的习惯，提高了道德素质。校园环境除了要做到清新、健康，还要建设的优雅且有内涵，大学可以赋予校园景观的规划设计独特内涵，可以将教学楼的建设和校园整体规划等与大学精神紧密结合，设计成富有文化内涵的艺术造型，例如，在校园里的小路上，可以设立形式新颖的展览板，可以展出历史、学校新闻或先进人物事迹等，实现处处育人，物物育人。此外，大学生宿舍应该受到大学的重点关注，在学生最希望改进的基础设施中，通常宿舍是同学们呼声最高的。宿舍文化建设也是校园物质文化建设的一部分，宿舍是同学们生活起居的地方，是同学们温暖的港湾，所以校园文化建设也要搬进宿舍，宿舍的楼道可以设计的具有文化气息，宿舍的风格在实用之余也可以设计的优雅、别致，使同学们方便生活，愉悦身心。

（2）建设有文化特色的标志性建筑

每一个著名的旅游城市都会有其著名的、标志性的建筑物和具有独特文化风格的旅游景点，具有独特风格和特点的建筑物通常会让人过目不忘，谈及某个建筑便会想起某个地方，想起每个地方就会想起某个建筑，这样的建筑或许是有着悠久的历史，或许是有着传奇的故事，或许是极具文化特色，或许是有独特的设计风格，从而在人们的心中有了独特的印象和重要的地位。大学生要在大学校园中学习知识、完善人格、提高综合素质，校园的模样会在每一个同学的记忆中留下浓墨重彩的一笔。大学的建筑设计要富有文化气息且具有独特风格，体现现代科学与人文精神的同时，又积极融入传统文化的因素，反映大学的办学历史和办学理念，还能体现出大学对物质环境建设的审美水平。富有独特设计和内涵的建筑物会在无形之中感染学生、激发他们内心的灵感和创造力，可能某一个设计或者建筑物上面的某一句话都会激励学生，会对学生高尚品格的形成起到重要作用，使学生对于大学产生浓厚的归属感。

（3）加大环境建设的经费和精力投入

大学建设富有内涵、有特色的物质环境从根本上要有科学的规划和足够的投入。大学的物质文化建设区别于其他方面的文化建设，物质文化建设要投入更多的精力去规划和足够的项目经费作保障。基础设施的建设不同于其他，在建设初期就应该做好规划，要使其与校园的整体规划相适应，也要考虑到该设施在使用期间的折损情况，适时的进行维修保养。因此，校园环境的建设要统筹规划、科学研究、合理预算，设立专门的设计小组、预算和责任小组，为建设的有序进行做好全面的保障。

3. 增强精神文化建设，体现立德树人的价值取向

党的十八大报告指出："文化是民族的血脉，是人民的精神家园。"[①]大学校园文化是大学全体成员的精神支柱，大学校园文化影响学生的精神世界，影响着学生的健康成长。加强大学的精神文化建设要体现立德树人的价值取向，用科学的思想武装大学生的头脑，以传统文化为底蕴，用催人奋进的校风、学风、校训等鼓舞学生，在精神文化的建设过程中，丰富大学生的精神世界，促进学生的全面发展。

（1）坚持正确的指导思想

坚持马克思主义的指导地位，用习近平新时代中国特色社会主义思想统领精神文化建设。党的十九大报告指出："建设社会主义文化强国发展中国特色社会主义文化……就是以马克思主义为指导。"[②]马克思主义为我们国家的发展进步提供了科学的世界观和方法论。大学校园文化是中国特色社会主义文化的重要组成部分，建设良好的校园精神文化，第一，要坚持马克思主义思想在大学校园文化建设中的指导地位，习近平同志在纪念五四运动100周年大会上的讲话指出："新时代中国青年要增强学习紧迫感，如饥似渴、孜孜不倦学习，努力学习马克思主义立场观点方法，努力掌握科学文化知识和专业技能，努力提高人文素养，在学习中增长知识、锤炼品格，在工作中增长才干、练就本领，以真才实学服务人民，以创新创造

---

① 胡锦涛. 坚定不移沿着中国特色社会主义道路前进 为全面建成小康社会而奋斗——在中国共产党第十八次全国代表大会上的报告 [N]. 人民日报，2012-11-18.

② 习近平：决胜全面建成小康社会 夺取新时代中国特色社会主义伟大胜利——在中国共产党第十九次全国代表大会上的报告 [N]. 人民日报，2017-10-28.

贡献国家！"①大学校园文化建设要将马克思主义思想融入精神文化建设当中，大学生要努力学习马克思主义立场观点方法，学会运用科学的世界观和方法论，才能够坚定理想信念，清楚的辨析是非、抵制错误的思想，树立正确的价值观。在平时的学习中，大部分同学认为马克思主义思想很难理解，距离自己很遥远，因此精神文化建设要实现马克思主义思想的大众化，并落实到具体的实践中，就需要大学创新发展马克思主义思想宣传的形式，采用学生喜闻乐见的方式，例如在课堂上通过有趣的人物故事将马克思主义思想讲授给同学们，激发学生对马克思主义思想的兴趣，还可以在课下布置围绕马克思主义思想开展的辩论赛，逐步提升学生对马克思主义思想的认识和运用能力，并最终使学生在实践中能够灵活运用马克思主义思想，这也就达到了精神文化建设的目的，达到了大学树人的目标。第二，在新时期，大学要发挥习近平新时代中国特色社会主义思想对大学精神文化建设的统领作用，对引导大学举行精神文化活动具有重要的指导意义，大学要将习近平新时代中国特色社会主义思想融入到大学的精神文化建设活动中，可以以学习习近平新时代中国特色社会主义思想为主题定期召开班会，让同学们共同学习、共同讨论。大学可举办系列主题讲座，由大学思政课教师为主导，引导同学们积极参与，培养学生的政治意识，并在过程中提升自身的综合素质、丰富学生的精神世界。

（2）形成鼓舞人心的校风、学风、校训

习近平指出："要坚持不懈培育优良校风和学风，使高校发展做到治理有方、管理到位、风清气正。"②校风、学风是规范、引导、塑造师生员工精神活动和治校育人的有效手段。③

大学校园文化建设要想实现立德树人的目标，首先要大力进行校风建设。校风是一所大学办学理念、办学宗旨和办学特色的集中体现，对大学生的价值观念和行为活动具有强烈的导向和规范作用。加强校风建设，一方面，要制定严格的校规校纪，严格的纪律是大学日常管理工作的基础保障。制定鼓舞人心的校规校纪，时刻规范大学生的行为活动，有助于大学生形

---

① 习近平. 在纪念五四运动 100 周年大会上的讲话 [M]. 北京：人民出版社，2019：10-11.

② 习近平. 习近平谈治国理政（第二卷）[M]. 北京：外文出版社，2017：377.

③ 靳诺. 大学思想政治工作根本任务的科学概括 [J]. 思想理论教育导刊，2017（01）：11.

成好的品质和道德习惯。另一方面,外形成良好的校风要坚持良好舆论导向,大学是一个开放、包容的环境,多元文化和价值观念影响着大学生,甚至有对本校校风不认同的现象,所以需要学校领导层和老师群体正面引导学生,坚持良好的舆论导向,经过历届师生的努力形成优良的校风既会激励教师努力完成立德树人的根本任务,又能够激励学生勤奋学习、全面发展。

其次,是形成催人奋进的教风和学风。教风和学风的主体分别是教师和学生,教师在教育和教学中表现出来的价值观念是教风的灵魂,最能反映教风的发展方向,也是实现立德树人目标的重要途径。良好教风的形成,一方面需要加强师德师风建设。习近平在讲话中指出:"要加强师德师风建设,坚持教书和育人相统一,坚持言传和身教相统一,坚持潜心问道和关注社会相统一,坚持学生自由和学术规范相统一,引导广大教师以德立身、以德立学、以德施教。"①教师要在传授知识的同时还要通过自身的言传身教影响学生的成长,教师若是在授课和与同学们日常的交往中,具有高尚的道德修养、优雅的气质、丰富的知识,一定能够感染学生,对学生的成长、学生综合素质的提高具有潜移默化的作用。正所谓"师者,所以传道、授业、解惑也。"学而为人师的同时也要行能为世范,传道如春风化雨,浸润学生的心田。另一方面教师还要与时俱进不断提高业务水平,学无止境对于教师来说尤为重要,随着时代的发展,中国特色社会主义进入了新时代,国家高度重视教育的发展,对教师提出了更高要求,要根据时代要求培养国家需要的人才,坚持以立德树人目标为出发点和落脚点,以时代为契机,以文化为抓手,当好教育事业的桥头堡和排头兵,在大家的共同努力之下形成良好的教风,教师在日常的专业授课的过程中,不仅要有丰富的知识教授给学生,还要丰富授课的形式和内容,加强与学生的交流与沟通,使学生在课堂上不仅能够收获知识,更能收获成长,提升自身的道德品质。学风是学生们在学习过程中表现出来的学习态度和方法等。良好的学风不仅有助于提高学生的学习效率,也有助于学生的全面发展,加强大学的学风建设需要教师加强对学生的正确引导和经验传授,需要学生刻苦学习并相互交流,共同营造良好的学习环境,大学和教师应正确引导大学生,可

---

① 习近平在全国高校思想政治工作会议上强调:把思想政治工作贯穿教育教学全过程 开创我国高等教育事业发展新局面 [N]. 人民日报,2016-12-09.

设立学习帮扶小组、学习交流群供同学们线上线下交流学习，鼓励学生到图书馆读书学习、借阅书籍，对学生的借阅量和学习时间进行积分，并对积分高和信誉度高的学生予以鼓励等。大学形成的积极向上、刻苦学习的学风会在潜移默化之中影响着学生的品质和学习态度，良好的学风有助于学生成为优秀的社会主义建设者和接班人。

最后，科学提炼振奋人心的校歌、校训。校训能够集中体现一所大学的办学精神、办学理念和价值取向，校训的内容要包含大学的历史传统、发展方向、育人理念，要被大学的每一名学子铭记在心。大学的每个人都应该铭记校训，理解校训的内涵和精神，并激励自己学习和生活。校歌亦是如此，校歌的内涵和曲调蕴含着一所大学的历史传统、办学理念以及精神风貌。一首脍炙人口的校歌对于凝聚人心、团结力量有着极为重要的作用，同时还会增强大学生对于母校的认同感和归属感。校歌与校训既要耳熟能详又要发人深省，这不仅是学生在学生时代的价值信条，更是进入社会后所应坚持的一种初衷，好的校歌与校训意义尤为深远。

4. 丰富行为文化建设，凸显实践育人的创新精神

大学的每一个成员都是校园文化建设的重要参与者，每个人的行为活动都是校园文化建设的重要内容，加强行为文化建设要体现实践育人，不论是课堂还是课外实践活动，都是实践育人的重要方式，大学要创新利用课堂主渠道，开展丰富的文化活动和社会实践活动，调动全体成员的参与意识和积极性，在行为文化建设的过程中落实立德树人根本任务，提高学生的主动性和综合素质。

（1）创新利用课堂教学的主渠道

校园行为文化建设需要以课堂、社团、实践活动等形式作为载体。课堂是大学生步入校园汲取知识、完善人格的主要渠道，也是教师与学生沟通交流的主要渠道。一方面，在课堂教学中，专业课教师不仅要教授专业课知识，还应通过有限的课堂时间对学生进行思想政治教育，正确引导大学生。习近平同志在纪念五四运动100周年大会上的讲话指出："我们要悉心教育青年、引导青年，做青年群众的引路人。"[①] 刚步入大学的大学生，

---

① 习近平. 在纪念五四运动100周年大会上的讲话 [M]. 北京：人民出版社，2019：14.

习惯了中学的保姆式教育，对教师存在一定的依赖性，处于大学阶段大学生，他们的品格具有可塑性，因此教师要注重对大学生世界观、人生观、价值观的树立予以正确的引导，在课堂上让同学们在学习专业知识的同时感悟人生的道理。另外一方面，新时代大学生大多个性鲜明，有独立的人格，部分大学生处于青春期，叛逆性、极端性等特点明显，一些大学生盲目自大、自我思想太强，时常迷失自我，甚至是对国家、对社会、对学校产生严重的不满情绪，这给德育工作增加了难度，因此，高校要关注学生的成长，教师要不断创新并利用课堂主渠道，用喜闻乐见的方式教学潜移默化地影响学生，比如，通过翻转课堂的教学模式、网络课堂的教学方式、线上线下双向互动的方式等。以上方式不仅能充分调动学生的积极性，还能够扩宽学生了解校园文化的渠道，积累丰富的知识。

（2）积极开展格调高雅的实践活动

习近平指出："要更加注重以文化人以文育人，广泛开展文明校园创建，开展形式多样、健康向上、格调高雅的校园文化活动，广泛开展各类社会实践。"① 校园文化活动和社会实践活动具有重要的育人育德功能，是落实立德树人工作的有效抓手。因此，高校在加强大学生理论和技能学习的同时，要以习近平新时代中国特色社会主义思想为引领，充分发挥以文化人、实践育人的育人育德功能，在校园文化活动和社会实践活动中实现立德树人，使学生们在课堂内外实现有效的衔接。校园文化活动和实践活动要想真正地吸引大多数同学的关注和参与，就要以同学们喜闻乐见的方式开展。比如，社团组织开展红色活动，通过播放电影、话剧表演、宣讲、演讲等方式开展常规校园文化活动，提升学生的参与意识和实践精神；利用课余时间，拟定某一主题，组织同学们拍摄微电影，可以以学习新思想为主题，可翻拍校园先进人物事迹，最后评选优秀的作品予以奖励，并将优秀的作品放在学校的微信公众号、微博主页上供学生们观看，由于题材选自热点话题和身边的人物事迹，更能够引起学生的共鸣，更能够感染学生；假期开展的社会实践活动，可在老师的带领下，深入基层，为农村扶贫工作贡献一份力量，在实践活动中领会艰苦奋斗、无私奉献的精神；开展格调高

---

① 习近平在全国高校思想政治工作会议上强调：把思想政治工作贯穿教育教学全过程 开创我国高等教育事业发展新局面 [N]. 人民日报，2016-12-09.

雅的传统文化活动，可以中华优秀传统文化为主题，开展校园"朗读者"、诗词大会等活动，在活动过程中提升学生的艺术品位和欣赏水平，激发同学们对传统文化的兴趣，增强文化自信，同时还有利于中华传统文化在大学校园里的传承与创新。

（3）增强教师和学生的参与意识

大学校园文化建设是一项系统的工作，需要全体师生员工的共同参与，共同营造和谐、健康的文化环境。第一，要在思想观念上引导他们，让他们认识到每一个个体对本校的校园文化建设都有重要的作用。一方面，教师要认识到，自己不仅要传授知识，还要做好行为规范和思想品德方面的指引，自己的言行举止都体现着学校的教风、校风，自己既是文化的传播者也是校园文化的缔造者。教师还要改变"上完课就完成任"务的观念，应在课余时间多参与学校的文体活动和学生举办的文化活动。另一方面，要增强学生的参与意识，提高他们的积极性，激发兴趣，改变"埋头死读书，不闻窗外事"的现状，积极参与校园实践活动，开拓视野。第二，高校要为教师和学生参与活动创造条件。在开展活动时形式要多样，多开展大众喜闻乐见的文化活动和实践活动；既要有轻松活泼的文娱活动，也要有严肃严谨的学术活动；多举办创新创业大赛、传统知识和新思想新精神学习大赛、师生趣味运动会等，共同营造积极向上、健康快乐的校园文化。

5. 强化网络文化建设，发挥网络育人的德育功能

互联网时代，网络早已成为大学生校园学习、生活不可或缺的一部分。师生通过网络进行信息发布、浏览、沟通的等方式反映出来的文化的总和，是一种新型的校园文化。大学校园文化建设要通过开展丰富的网络活动、营造清朗的网络环境，发挥网络育人的正向功能。

（1）发挥网络文化的德育作用

网络世界丰富多彩、包罗万象。网络的广泛应用给我们带来便利的同时也有很多的弊端，是一把双刃剑。在开放的网络环境中，网络意识形态斗争错综复杂。加强网络德育建设要占领网络高地。一方面，要坚持马克思主义在意识形态领域的指导地位，用科学的思想、正确的舆论导向引导大学生。高校可以通过开设网络道德教育课程或者是开展网络文化知识讲座的方式来引导学生，教师在日常的教学和与学生的接触中要引导学生学

会辨别网络上错误思想并规范上网行为，正确使用网络。另一方面，大学网络文化建设要与时俱进，将虚拟网络与现实教育教学相结合，不断完善网络文化平台建设，比如开发与校园文化相关的 App，在既有时政新闻、校园文化历史、校园榜样事迹等，也可作为校园社团组织活动的线上平台，同学们就校园文化活动可以发表自己的言论、作出评价等。高校应充分利用校园微信公众号，丰富公众号内容，发布校园文化相关信息，发起校园文化活动，发布每日励志小文章等，用生动活泼、形式多样的文章、图片、视频传递文化信息，润物无声地给大学生以理论滋养和精神力量，实现立德树人工作与网络文化活动的良性互动。[①]

（2）开展丰富的网络文化活动

网络已经融入了人们的生活，大学生利用网络学习和娱乐的时间非常多。高校要充分重视网络文化活动对大学生道德品质、内涵修养提高的重要性，牢牢把握大学校园文化建设的主动权，开展具有德育作用、积极向上、丰富多彩的网络活动。高校要充分把握好线上与线下活动的有机结合，在线下要通过课堂或讲座的形式做好正确的引导，引导同学们正确利用网络。习近平总书记在纪念五四运动 100 周年大会上的讲话指出："我们要主动走近青年、倾听青年，做青年朋友的知心人。"[②]高校教师、管理者要尊重青年天性，照顾青年特点，增强与学生的交流，通过线上线下的交流，了解他们的思想动态、价值取向、行为方式、生活方式等。例如，高校可在校园网站中建立交流平台、在公众号中建立聊天室，老师和学生都可以参与进来，学生有任何学习、生活或者心理上的问题可以随时向教师请教，教师要认真对待每个学生的每一个问题，给出建设性的建议，针对不同学生的问题教师也可在线下见面、零距离交流。这样既能够解决同学的问题，还可以拉近师生的距离，营造和谐的网络文化环境。

（3）营造清朗的网络文化空间

大学营造清朗的网络文化空间需要加强监管力度和网络文化专业队伍建设。网络世界和现实世界一样，要有相应的规范。网络是一个相对自由开放的环境，各类信息和网络行为鱼目混杂，因此要加强网络文化环境的

---

① 秦书生，李毅. 习近平大学立德树人思想的逻辑阐释 [J]. 现代教育管理，2018（08）：7.

② 习近平. 在纪念五四运动 100 周年大会上的讲话 [M]. 北京：人民出版社，2019：13.

监管力度。建立网络舆情监督机制，应一方面通过网络后台统计学生对各类信息的浏览量，关注学生的思想动态和思想诉求，另一方面对网络上的不良信息进行筛选和监控，净化网络环境，营造健康、绿色的网络文化环境，同时对不良的网络行为进行批评，培养大学生良好的道德素质，使学生能够自觉抵御网络上的不良信息。营造清朗的文化环境还需要加强网络文化专业队伍建设。大学网络文化建设不仅是信息发布的平台，也是开展线上活动的平台，需要后期的维护和不断的开发，因此需要建设一支思想道德水平高、业务能力强的网络工作队伍，既够能监控网络环境又能够解决技术问题。要定期对网络建设队伍进行专门的培训，提高他们的工作能力。

（四）学生个体

大学生的成长成才，离不开校园文化精神的"灌溉"。大学生对中国特色社会主义的荣誉感和自豪感，对中华民族伟大复兴的责任感离不开大学校园文化的熏陶。所以，当代大学生要在校园文化建设中加强自我教育，修身为要、知行合一，练就一身过硬本领，造就自信心态，最终达到精神境界的升华。

1. 修身为要、知行合一

在如今和平的大趋势下，现代化潮流此起彼伏，"自我塑造"已成为一个相当普遍的文化信念，但"现代化可能是具有整体性的，但不一定是很好的整体，它必然包含着紧张、压力、混乱和骚动"[①]。无论是群体还是个体，其感情、生存、与社会的关系等都会受挫，会导致"经典不再具有经典的意义，在世俗化的过程中，所有的权威都将失去光彩，偶像已不只是到了黄昏时分，而是被暗夜全部覆盖。于是，人们便成了狂欢的众神，再也没有畏惧感，市场文化终于造就了另一个世界和另一种人格"[②]。大学生正处在世界观和人生观逐渐形成期，思想、性格和道德品质等方面都尚未定型，可塑性很强。因此，要对大学生进行共产主义道德教育，帮助他们树立正确的道德观念，培养健康的道德情感及高尚的道德理想和人生观，

---

① [美]塞缪尔·亨廷顿. 现代化理论与历史经验的再探讨 [M]. 上海：上海译文出版社，1993：334.
② 孟繁华. 众神狂欢——当代中国的文化冲突 [M]. 北京：中国人民大学出版社，2009：13.

正确认识和对待社会主义社会中的人与人之间的关系。

千里之行，始于足下。当代大学生应怀有崇高的理想、远大的志向，自觉践行社会主义核心价值观，自觉践行大学精神、时代精神，自觉学习、继承、弘扬中华优秀传统文化，牢记时代赋予的历史使命和社会责任，以成为社会主义事业的合格建设者和可靠接班人、全面发展的时代新人标准来要求自己，修身立德，做到知行统一；步入社会以后，更要爱岗敬业，吃苦耐劳，以认真踏实的工作态度和作风回报社会，在平凡岗位上创造出不平凡的业绩，为中华民族伟大复兴而贡献自己的力量。

2. 努力练就过硬本领

（1）努力学习科学文化知识

只有下得苦功夫，才能求得真学问。真学问不应该只停留在碎片化的信息积累，而应该是通过学习知识掌握事物发展规律。"读史会让你变得明智，读诗会让你显得聪慧，学习数学会让你精密严谨，物理学会让你深刻，伦理学会让你高尚，逻辑修辞会帮助你提高辩论能力。"[1] 所以大学生要增强学习的迫切感，不仅要把学习当作必须完成的任务，还要当作内在的精神追求，让自己在学习钻研中不断收获学识、增长智慧和能力，悟到做人的道理。大学生不仅要学习好专业课知识，做到"术业有专攻"，同时还要广泛阅读，提高自己的知识储备和综合能力，成为一个通识性人才。只有通过过勤奋刻苦学习，努力掌握必需的专业知识，建立合理、系统的知识逻辑结构，才能为未来投身社会主义现代化建设事业、实现中国梦积蓄力量。

（2）不断提高自主创新能力

创新一个是国家兴旺发达的不竭动力，尤其是在全球化发展日新月异的今天，如何在激烈的国际竞争中处于不败之地，唯创新者胜。在我国向创新型强国的道路迈进时，缺乏自主创新能力已成为制约性因素。新时代大学生作为创新创造的主力，理应走在时代前列。

要培养自身勇于创新的精神。大学生要有敢为天下先的志向，敢于突破常规，敢于另辟蹊径，勇于攻坚克难，勇于挑战前沿的科学问题，要有"虽

---

① ［英］培根. 培根随笔录 [M]. 龙小云，译. 上海：立信会计出版社，2012：248.

九死其犹未悔"的豪情，更要有接受失败的勇气。

要培养自身善于创新的能力。大学生要刻苦钻研，勤于学习，培养深层次思考的能力；培养发现问题、总结问题的能力；培养自主创新的能力，提出原创思想，做出原创发明。不仅要让"中国制造"走向全世界，还要让"中国智造"走向全球；不仅要跟上世界各国创新发展的步伐，还要争取掌握领域主动权。

（3）牢固树立民族担当精神

新时代赋予我们的历史使命是实现中华民族伟大复兴的梦想，这是全体中国人民的共同心声和共同夙愿。大学生作为国家发展、时代进步的主力军，更是要担当起民族复兴大任，坚守爱国主义精神，牢记肩负的时代使命，切实巩固国家意识、涵养爱国情怀、激昂强国之志，并将爱国主义情感转化为理性自觉的爱国主义行为，成为建设社会主义现代化强国的主力军，做有明确使命的时代新人。

树立民族担当精神，要求大学生认识到自己所担负的历史责任。大学生应当爱党爱国、爱人民，坚决维护祖国统一，坚决拥护民族团结，树立崇高的理想信念，树立实现中华民族伟大复兴中国梦的远大理想，自觉将个人发展和祖国前途命运紧密结合。

树立民族担当精神，要求大学生能够为担当重任而拼搏奋进。大学生要有锲而不舍的奋进精神，要有驰而不息的拼搏力量，要有不畏艰难、锐意进取的精神，要有不辱使命、躬身力行的实践态度，到国家需要的地方实现自己的人生价值，在民族复兴过程中建功立业，不断成长奋进。

3. 进一步造就自信心态

（1）准确认识世界发展大势

当今世界处于全球化的背景之下，世界各国的联系异常紧密，所以，必须将大学校园文化精神教育放到国际化的视野中来看待，和国际主义联系起来。

习近平总书记指出："正确认识世界和中国发展大势，正确认识中国特色和国际比较……"① 树立国际意识的逻辑起点是正确认识世界和中国发

---

① 习近平在全国高校思想政治工作会议上强调：把思想政治工作贯穿教育教学全过程 开创我国高等教育事业发展新局面 [N]. 人民日报，2016-12-09.

展大势，这是新时代大学校园文化精神教育工作的重要任务。中国为什么选择了社会主义道路？我们又是怎样走上中国特色社会主义道路的？资本主义道路和社会道路未来的发展前景是什么样的？这是大学生正确认识和把握人类社会发展规律，正确认识中国现行制度优越性的必要前提。而后，进一步"正确认识中国特色和国际比较"，这是客观认识中国、看待外部世界的重要一环，也是培育文化自信心态的关键环节。

（2）坚定文化自信观念，自觉承担继承和弘扬中国特色社会主义文化的责任

时代造就青年，时代呼唤青年，当代大学生成长于新时代，应该深知并牢记自身的历史使命，担当起建设中国特色社会主义的重任，为实现"两个一百年"目标和中华民族伟大复兴贡献自己的力量。校园文化是社会主义文化的组成部分。文化自信是对中国特色社会主义文化的自信、是对中国传统文化的自信、是对中国文化发展前景的自信。这就要求大学生具有高度的文化自信观念，自觉地参与到社会主义文化建设中去。大学生要以马克思主义为指导，感悟和理解文化自信的理念，充分利用课外时间，通过新媒体、网络、报纸等各种渠道认真学习中华优秀传统文化、革命文化、社会主义先进文化，使之内化为自身的一部分，提升自身文化素养，转变学习态度，变被动为主动，到对中国特色社会主义文化的肯定和认同。

（3）抵御不良思潮，吸收西方先进文化促进文化创新

大学生面对西方文化应该保持清醒的头脑，提高警惕意识，主动抵御西方各种形式的文化渗透，理性对待西方文化。在面对西方不良思潮时，我们要坚定马克思主义指导地位，确立马克思主义的立场、观点和方法，充分肯定自身文化价值，增强对各种错误思潮的理解力和鉴别能力，主动践行社会主义核心价值观，坚持用社会主义核心价值体系引领社会思潮。要坚持以"中学为体、西学为用、古为今用、洋为中用的"态度对西方文化有扬弃地加以吸收，不断吸收和借鉴人类文明中所取得的优秀成果加以创新利用。党的十九大报告指出："深入挖掘中华优秀传统文化蕴含的思想观念、人文精神、道德规范，结合时代要求继承创新，让中华文化展现

出永久魅力和时代风采。"①创新是发展的强大动力，大学生作为社会主义先进文化的传承者和践行者，不仅需要文化的创新意识，还需要将创新意识同自身实际结合，以中国实际国情为基础，以社会主义核心价值观为指导，将中华优秀传统文化注入其中。

① 习近平. 决胜全面建成小康社会 夺取新时代中国特色社会主义伟大胜利——在中国共产党第
十九次全国代表大会上的报告 [N]. 人民日报，2017-10-28.

第七章 "立德树人"视域下大学校园文化
建设发展的载体与机制

　　"载体"最早出现在化学研究领域，不过随着现代科学技术的发展与变革，载体的含义也随之得到了广泛的延伸，逐步扩大到了社会科学研究领域，被其他各个学科所使用。它是事物在成长和发展过程中能够使发展目标顺利实现的"添加物"，同时也是多种因素的结合体。思想政治教育载体是指实施思想政治教育的过程中，能够承载和传递思想政治教育的内容或信息，能为思想政治教育主体所运用，促使思想政治教育主客体之间相互作用的一种活动形式和物质实体。[①] 据此可以得出，大学校园文化建设载体是校园文化建设过程中，能够承载和传递校园文化建设的内容或信息，能为校园文化建设主体所运用，促使校园文化建设主客体之间相互作用的一种活动形式和物质实体，如公寓、社团、图书馆、校园文化活动、思想政治教育课堂等都是大学校园文化建设的有效载体。恩格斯曾经说过，人的"行动的一切动力，都一定要通过他的头脑，一定要转化为他的愿望动机，才能使他行动起来"[②]。现代思想政治教育信息方法是教育者运用信息论的观点，把现代思想政治教育系统看作是借助信息的获取、传递、加工和处理而实现其有目的性运动的一种教育方法。[③] 因此，高校要积极构建大学校园文化建设载体，充分发挥载体的育人功能，提高大学校园文化"立德树人"功能的实效性。

---

① 张耀灿，等. 现代思想政治教育学 [M]. 北京：人民出版社，2007：392.
② 中共中央马克思恩格斯列宁斯大林著作编译局编译. 马克思恩格斯全集（第21卷）[M]. 北京：人民出版社，1965：345.
③ 刘新庚. 现代思想政治教育方法论 [M]. 北京：人民出版社，2008：61.

除了载体建设，大学校园文化建设工作的正常推进和持续发展也离不开相关的机制建设。"机制"一词起源于古希腊，原意为机器装置的构造原理和运行原理，后经过漫长的演变，逐渐在人类社会的多个领域中延展开来，形成了多种的解释。目前，在不同的学科领域对"机制"存在着不同的解读和定义。"机制"在社会人文领域，从整体角度描述为特定对象的每个组成结构和要素以及它们之间存在的纵横交错的制约与联结关系，还包括借助它们的某些功能及整体功能，进而实现一些预期的目标。大学校园文化建设中引入的"机制"概念是一种方式，即大学校园文化建设内部要素的组成方式及这些要素之间相互作用的方式，还包括由这些组成要素共同作用形成的大学校园文化建设行为的整体运行表现形式，以及组织管理者对大学校园文化建设活动开展的调节方式。因此，可将大学校园文化建设机制描述为统一协调并实现大学校园文化建设整体目标，并促进大学校园文化建设具体功能发挥的方式，包括运行机制、建设机制、管理机制、保障机制等。

一、"立德树人"视域下大学校园文化建设发展的载体

（一）充分发挥思政课的载体作用

课程载体是将大学校园文化建设与思想政治教育互动，融入以政治理论教育、人文素质教育、科技创新教育为主体的相关课程中，通过理论知识的学习，帮助大学生树立正确的世界观、人生观和价值观，从而提高大学生整体的政治思想水平和学校的校园文化氛围。高校要按照充分体现当代马克思主义最新成果的要求，进一步推动大学校园文化建设和思想政治教育的"三进"工作（进教材、进课堂、进头脑），充分发挥思政课的主阵地和主渠道的作用；要增强学科的教育性、科学性和通俗性，全面加强教师队伍建设、课程建设和教材建设，积极推进包括内容、方法和手段在内的教学改革，建立和完善教材的选用和评估反馈机制，在课时、经费、场地等方面进一步加大投入。此外，在条件允许的情况下，高校要大力开设国学、文学等各类可以提升学生人文素质水平的相关课程，特别是在一些理工科学校，更应注重做好此方面的工作。一些优秀的人文社会科学类

课程，本身就很好地融合了文化教育和思想政治教育的相关内容，通过理论学习的形式让大学生汲取营养，自然能够很好地促进大学校园文化建设和思想政治教育的开展。这种潜移默化的方式，即便"短期效果"不一定明显，但就像一本好书影响人的一生一样，其长期效果应该是毋庸置疑的。例如，在"思想道德修养与法律基础"这门课中，在讲授"大学生的成长与理想"这一章节时，就可以将红色精神融入进来，让大学生通过典型案例深切地感受到坚定理想信念的深刻内涵。在"马克思主义基本原理概论"的教学中，将体现红色精神的实际案例融入教育教学，使原本刻板、枯燥乏味的课程内容变得生动起来，从而激发大学生的学习兴趣，例如，在学习"实事求是，一切从实际出发"时，可以结合具体事例进行内容的讲解。在"毛泽东思想与中国特色社会主义理论体系概论"这门课中，教师可以将红色精神与党的先进性结合起来实施教学，使教学内容更加充实。在"中国近现代史纲要"的课堂教学中，教师应当将红色文化的精神内核详细地讲授给学生，帮助大学生更好地掌握党的基本路线、方针和政策，正确认识我国的基本国情，从而增强大学生的家国情怀，帮助大学生积极践行社会主义核心价值观。

（二）充分发挥学生活动的载体作用

大学校园文化建设离不开学生活动这一载体。大学生作为一个聚集了当代社会青年先锋的阵营，他们是校园文化活动的参与主体之一，具有鲜明的时代特点和文化印记。一方面，大学生的成长轨迹离不开社会文化的影响。在价值观念多元、文化内容丰富的社会大环境下，大学生是社会文化最快的吸收者，他们对文化保持着高度的敏锐感，在浩瀚长河的文化环境中，接受着不同的文化元素，并积极参与社会文化热点的讨论。另一方面，大学生又是社会文化的输出者，他们个性鲜明，思维活跃，打破陈规，敢于创新，为社会文化不断注入新鲜的血液。开展丰富多彩的校园文化活动，能够为大学生的全面发展提供平台，提高科学文化知识、思想道德修养，使他们在离开校园之后成为一名真正合格的建设者。

1. 大学校园文化活动的类型

大学校园文化活动作为校园文化的载体之一，它的演变与形成必然孕育在校园文化的发展之中，不同历史时期的校园文化都在探求多样的方式表达，表现在活动这一载体上也呈现出不同的形式。大学校园文化活动相对于课堂活动而言，没有统一的实施标准和教育大纲，甚至不同高校表现出不同特色，但是就大学校园文化活动的总体目标来说，都是为了达到育人、化人、提升大学生能力的目标，表现出较强的思想性、实践性、知识性、科学性和趣味性。大学校园文化活动的多种内容通过不同形式表现出来，以活动的目的为标准，笔者将校园文化活动分为思想道德类、学术科技类、文体艺术类、社会实践类等几种类型。

（1）思想道德类

这类活动以对师生开展思想政治教育为目的，通过讲座、座谈会、会议报告、征文活动、演讲比赛、评优等形式，结合国家节日、纪念日或者校庆日等，对师生进行爱国主义、集体主义和社会主义教育，帮助师生树立正确的政治立场、理想信念、爱国情操、奉献精神和理性精神，培养正确的世界观、人生观和价值观，对思想道德予以熏陶。

（2）学术科技类

这类活动以学习知识、推进科技创新、培养创新型人才为目的，通过学术座谈会、学术调研、学习竞赛专业科技知识普及、制作发明比赛等多种形式开展，在独立探求知识、发明创新科技的过程中，培养学生善于思考、敢于突破、理性踏实的思维模式，提高学生的学术探究能力和科学实践能力。

（3）文体艺术类

这类活动以培养学生人文素质、艺术修养、情操陶冶，促进身心健康为目的，从心理和生理两个方面加强，主要通过文艺晚会、学生社团、艺术作品比赛、运动会、户外俱乐部等形式开展，给学生打造一个施展才华、锻炼技艺、强身健体、陶冶身心的空间，使学生在文体艺术类活动中得到精神需求的满足，同时在活动的策划过程中潜移默化地加强了学生之间的团结协作能力，增强集体凝聚力。

（4）社会实践类

这类活动以增强学生的综合能力、社会实践能力为目的，主要是通过志愿者活动、“三下乡”、支教扶贫、社会服务活动、勤工俭学等形式开展。学生在实践中走出校园，了解社会、感受社会、服务社会，将知识智慧、文艺修养充分展现，达到在实践中受教育、长才干、做贡献的教育目的。

2. 加强大学校园文化活动的思想引导

大学校园文化活动作为一种实践活动，必须要在科学的思想指导之下进行，唱响时代主旋律。大学校园文化活动在任何时代都必须坚持科学的思想引导，契合时代精神。当前，多种文化形态交流交融交锋，主流文化与非主流文化、文化中的精华与糟粕交织存在。我国高校具有鲜明的社会主义办学性质，是为祖国培养人才、为民族点燃希望的地方，必须要坚持社会主义主流文化的引导，必须坚定不移地巩固和加强马克思主义的指导地位，决不允许搞指导思想的多元化。

（1）大学校园文化活动应坚持社会主义核心价值体系的指导

社会主义核心价值体系是兴国之魂，是引领中国特色社会主义发展方向的路标。它包含着诸多方面的内容——马克思主义指导思想、中国特色社会主义共同理想、以爱国主义为核心的民族精神和以改革创新为核心的时代精神、社会主义荣辱观等。在如何应对多元化思潮的现实问题上，社会主义核心价值体系肩负着引领思想、唱响主旋律的根本性指导作用。大学校园文化活动在目标设计、实践环节中，要加强大学生的爱国主义、集体主义与社会主义教育，通过活动，使学生在实践中深刻理解爱国主义的含义，产生强烈的爱国情怀，增强学生对民族的自豪感，并将这种爱国情怀转变为爱国行动，由内而外自觉地指导大学生的行为。例如，华中师范大学每年办"一二·九"诗歌邀请赛，高举爱国主义和社会主义旗帜，培养爱国情怀，用诗歌抒发豪情、陶冶心志、铸塑品格。再如，湖南城建职业技术学院把社会主义核心价值观融入教育教学的全过程，弘扬"弘德精业、正己立人"的教风，提倡"尚学尚能、成人成才"的学风，践行"真心求学、实意做事"的校风；传承鲁班精神，培养鲁班传人，狠抓校园文化建设，探索校企合作双主体培养人才模式，推进产业、企业、工业文化进校园、进教材，帮助学生逐步形成职业化的工作技能；发挥学生生活区、学生公寓在校园文化建设中的重要作用，下功夫培育校园文化活动品牌，精心设计和组织开展有针对性和吸引性的文化活动，形成了"五四三二一"文化活动品牌："五"指五个活动月，即法纪与安全教育月、宿舍文化建设月、书韵飘香读书月、心理健康辅导月、志愿公益服务月；"四"指四个活动展，即工程文化展、职业素质模范展、学生优秀作品展、廉洁教育展；"三"指三个活动节，即"鲁班技能节""励志读书节""文化艺术节"；"二"指两个活动周，即建筑法规宣传周、爱校周；"一"为一个课堂，即人文大讲堂。

（2）大学校园文化活动应帮助大学生坚持用马克思主义理论指导实践

马克思主义是中国特色社会主义社会的灵魂，因此大学校园文化活动应坚持马克思主义的主导地位，用科学的理论去武装行动，用马克思主义的世界观和方法论来研究校园文化活动的规律与现象，在文化活动中旗帜鲜明地宣扬积极先进的文化，毫不犹豫地摒弃消极落后的文化。高校应坚持实事求是，结合校园特色，把握大学生的思想状态；坚持发展的观点，辩证评价当前校园文化活动的不足与成就；在校园文化活动的实践中总结经验，创新方法，寻找新角度，增强大学校园文化活动的创造力。

（3）大学校园文化活动还应当大力弘扬中华民族优秀传统文化，在活动中培育民族精神

中华优秀传统文化博大精深，历经时间检验，是社会主义先进文化中不可或缺的重要部分。大学校园文化活动必须要将优秀的传统文化渗透其中，提高学生的人文素质与思想道德素质，在活动中受到传统文化的熏陶与感染，传承中华民族的美德。

3. 提升大学校园文化活动的品牌价值

大学是培养大学生的综合性教育场所，通过课堂教学、实践活动来开展教育活动，而校园文化活动则是实践活动中最具有文化动态性的表现形式。为了促进学生德智体美劳各个方面的发展，大学校园文化活动需要通过设计具有针对性的文化活动来达到育人目的。首先，大学品牌文化活动就是在校园文化建设中形成的成果化建设，是校园文化个性化活动的产物，具有一所大学特定的文化底蕴和识别意义。拥有一定的自主、自治的权力是各大学形成自己特色、避免千校一面的前提条件，只有这样才能在较少地受外界非正常的直接干预下充分发挥自己的优势。打造大学品牌文化活动，首先有利于从整体上形成良好风尚，引领校园其他活动的先进性和文化性，从而促进大学校园文化活动水平的提高，提升活动的质量，扩大活动的内外辐射和吸引力。其次，由于品牌文化活动具有高识别度、美誉度

和普及度，在校园内广为师生知晓，因此品牌文化活动所体现的大学精神导向、所传达的大学价值观念、所展现的大学文化特色都能对广大师生产生持久和深刻的影响，像磁场一样吸引师生参与。同时，品牌文化活动可以极大地提高大学的辨识度。建设有特色、有内涵、有品位的大学校园文化，培育校园文化活动品牌，提大学园文化在育人功能上的感染力、吸引力是推进校园文化科学建设的必由之路，也是大学适应时代发展需要，创新校园文化建设，有效发挥校园文化育人功能的必然选择。

（1）提高认识，增强打造大学品牌文化活动的意识

当前大学竞争日渐激烈，要想体现校园特色和提升校园知名度，就必须充分意识到建设校园特色文化活动、打造品牌活动的重要性。但是，打造校园品牌文化活动并不是学校某个领导者或者部门的责任，而是需要全校师生的共同参与、出谋划策，特别是要激发当代大学生的主动意识，更应该激发他们的主人翁意识，调动学生参与校园品牌文化活动的设计与建设。

（2）准确定位，打造大学品牌文化活动

打造大学品牌文化活动，需要对大学自身的文化特色有清晰的认识，了解和分析师生与社会的需求，结合校园特色、地域文化、社会需求，建设适应学校环境的品牌文化活动。大学特色是在历史发展和办学过程中所形成具有比较稳定的气质，呈现出开放性和多元性，每所学校有不同的办学宗旨、价值导向、办学目标、历史传统、特色学科，因此才形成了各具特色的校园文化特质和文化氛围，体现在师生身上则有不同的文化印记，比如有"北大人""清华人""华师桂子"等不同校园文化风格。这是一所大学区别于其他学校的标识，体现出大学文化活动建设中的差异性。正是这种差异性体现了大学校园文化活动的特色，是校园品牌文化活动的本质与核心。打造品牌文化活动，需要紧密结合大学优势及特点，将学校历史文化传统与特色学科领域结合起来，提升品牌文化活动品质，充分实现文化育人的目的。

（3）树立形象，升华大学品牌文化活动价值。

优秀的大学校园文化活动必定是凝聚了大学自身精神与中华民族优秀传统文化的价值理念。首先，树立形象，升华文化活动品质，要体现大学

文化精神。这种精神是由全体师生在长期的实践活动中所沉淀、整合和提炼出来的、具有积极意义的价值取向和精神理念，是校园文化中核心和本质的部分。将校园文化精神融入到校园文化活动中，可以突出大学的独特精神气质，树立与众不同的校园形象，有利于品牌活动的打造与创新。其次，大学精神文化受到师生和社会大众广泛的认可与赞誉，扩大了校园影响力，从而也间接地扩大了品牌文化活动的知名度。最后，打造品牌文化活动，还需要体现中华民族优秀传统文化，升华活动价值。不同的国家有不同的文化特色，一个优秀的品牌文化活动，除了要体现出校园精神与文化，还需要体现出本民族的优秀传统文化，只有如此，文化活动才能有源源不断的价值源泉，才能适应社会，顺应潮流。

（三）充分发挥图书馆的载体作用

图书馆是师生进行文化交流、熏陶的最佳场所之一，同时也是校园文化的中心地带，大学校园文化建设离不开图书馆的载体作用。

1. 大学图书馆是校园文化活动的中心之一

人们习惯性地把大学生的校园生活可以总结为"四点一线"："四点"分别指的是宿舍、教学楼、食堂、图书馆，从这一点就可以看出图书馆在大学生心中的位置高低。随着社会的不断进步以及图书馆设施设备的不断更新，图书馆的馆藏内容已经不仅仅局限于纸质资料，现代化的电子文档也在收纳范围之内。大学图书馆还为师生提供了各式各样的场地，如电子阅览室、自习室、多功能报告厅等。

2. 大学图书馆是大学校园里的重要教育机构

大学图书馆是学校的资源集合地，是属于学术性部门，致力于为教学和科研服务。对于大学生来说，图书馆是仅次于教室的最佳学习场所。学校要想输出大量的高素质人才，就必须要大力支持图书馆建设与完善，通过对图书馆的合理运用达到辅助教师教育学生的目的。大学图书馆要时刻牢记自己向师生普及知识的光荣使命，并做好以下工作：其一，能充分利用自己手中掌握的诸多资料，成为学生丰富自我涵养的有利武器。其二，对于读者来说，图书馆工作人员的工作能力、服务的态度以及工作的方式都会成为他们评判标准之一，并会直接影响其对图书馆的印象。

3. 大学图书馆对大学生的素质发展具有深远影响

社会在不断发展，人类在不断进步，那种只要接受高等教育就能一生衣食无忧的认知也已经被时代所遗弃。大学图书馆由于建立在大学校园之中，它的服务对象仅限于本校师生，这种特性充分保证了阅读、学习不被打扰，并且由于受众主要是大学生，在"三全育人"教育理念指导下，大学图书馆的文化建设对于大学生的成长成才起到了辅助教育作用：整洁的环境、丰富的藏书共同营造了浓厚的学习气氛，丰富的馆藏能够提高大学生的知识储备，提升文化修养和人文素养。

（四）充分发挥公寓文化的载体作用

大学生公寓文化是指在一定时期内，大学生在学生公寓内通过共同的生活、学习、娱乐以及相互间的交往活动等过程中创造出的物质文化和精神文化的总和，具体是指以学生公寓这一人员相对密集的空间环境为阵地，以教师为主导，以学生为主体，以物质建设为基础，以制度建设为保障，以公寓成员共有的价值观为核心，以培育德才兼备的学生为目标，以积极向上、健康的文化活动为主要内容，通过大学生共同的学习、生活、交往等相互作用过程，而最终形成的一种极富凝聚力的文化氛围。公寓文化是大学校园文化建设的重要载体。做好大学校园文化建设工作，就要充分发挥公寓文化的载体作用。

1. 大学生公寓文化建设是大学校园文化建设发展的重要方式

大学校园文化是在大学校园内，以校园精神为核心，以育人为目的的各种亚文化的总和。公寓文化与校园文化二者密切相关，公寓文化与校园文化一脉相承，从属于校园文化，是校园文化的亚文化之一。公寓文化体现了校园文化精神，校园文化精神引领着公寓文化的发展方向。公寓文化的发展是对大学校园文化的一种价值内化吸收过程，又反作用于校园文化的发展。校园文化以大学精神为核心，而学生间的人际交往关系以及同学的生活行为习惯不仅孕育出学生公寓文化而且是大学精神的具体体现。相比大学的其他环境，大学生在学生公寓内具有较大的心理自由度及归属感，能够并且愿意释放自己的情感，是各种思想交流碰撞最为激烈的地方。通过积极健康的公寓文化能够提高大学生的人际交往能力，充分发挥学生公寓文化陶冶、感染、激励、凝聚等作用，将同学的消极思想加以正确引导，使同学认同并接受公寓文化，适应公寓环境以及同学间的正常交往，整合学生公寓内大学生的行为准则、价值观念，并最终形成一种符合大学育人目的、顺应时代发展潮流的健康群体性公寓文化。积极向上的公寓文化有助于校园文化的可持续发展，如复旦大学开展的校园文化活动——评选高科技寝室、自主创业寝室以及环保低碳寝室等特色活动，离不开大学生公寓文化的建设。公寓文化是家庭文化在大学校园的延伸，和谐的公寓文化能够不断推动整个校园文化层次的提升，促进校园精神文化教育的有效开展。因此，公寓文化建设是建设发展大学校园文化的有效途径和必然选择。

2. 加强公寓文化建设部门间沟通，强化大学校园文化建设凝聚力

为了更好地促进学生公寓管理、服务以及育人工作的协同发展，强化大学校园文化建设工作的凝聚力，笔者借鉴黄德亮在其研究中论述的学生公寓管理模式：由学生处或后勤部门主要负责管理，在现有的学生公寓管理中心主任负责制下，增设四名主管人员，专门负责学生公寓的维修工作、清洁卫生工作、思想政治教育工作、安全管理工作，实行问责制度，形成"一点四线"的学生公寓管理模式。[①]公寓管理若是由社会企业负责，就需要参考哈佛大学、耶鲁大学、香港中文大学等这些社会企业参与程度较高、发展比较成熟的住宿制度，要求物业公司在学生公寓内按照一定师生比，配备本科学历以上、在校期间担任过干部职务或者组织能力较强的生活导师，要求社会企业从传统的单纯提供服务转变为服务兼优质人才的输出。另外，在校长或校党委直属管理的校园文化建设办公室中设置公寓文化建设领导小组，领导小组的负责人从校园文化建设的领导班子中选派，成员主要由学校相关部门的责任人构成，涉及部门如学生处、校团委、党委、后勤、各二级学院、保卫部门等。公寓文化建设工作的资金来源由校园文化建设办公室统一划拨，用以解决各种实际问题，确保规划内容顺利开展。公寓文化建设领导小组负责包括统筹制定公寓文化建设的发展规划工作、对规划内容执行情况的监督工作、对具体执行成果的绩效考核工作，根据绩效考核情况对单位及个人的表彰工作，以及对涉及到公寓文化建设内容的部

---

① 黄德亮. 山东省大学学生公寓管理模式的研究 [D]. 济南：山东师范大学，2010.

门间协调工作。另外，在领导小组的统筹管理下，学生公寓文化建设规划内容的执行工作由相关单位和部门负责具体组织实施。只有通过设立公寓文化建设领导小组这样专门的独立机构，才能将公寓文化建设工作落实抓牢。

总之，通过领导小组对公寓文化建设工作的全局掌控和具体部署，各下属单位及部门明确分工和协同工作，学生公寓管理中心的"一点四线"管理模式，以及社会企业的服务兼优质人才输出，共同携手打造集优质服务、先进管理、育人家园于一身的大学标准化学生公寓，才能促进公寓文化建设工作并有效增强校园文化建设工作的凝聚力。

3. 建立高素质公寓管理队伍，为大学校园文化建设提供强力支撑

管理队伍的专业化建设要求管理人员具备工作内容相关的专业知识、管理经验和组织能力，并懂得依据教育规律做事。只有建立专业化的大学公寓物业队伍，才能最大限度地推动大学生公寓文化的发展，为大学校园文化的建设工作提供可靠的人力保障。

建立专业化的公寓物业管理队伍，学校需要完善对物业人员的日常监管，明确物业人员的岗位职责，通过物业人员的温馨服务感化学生，通过物业人员的言传身教影响学生。一方面，学校需要对物业管理人员的日常工作定期考核，考核不应单独由学校后勤部门负责，还应将物业的实际使用人——学生纳入到监督机构中，可以由各学生公寓楼的学生代表代为行使监督权利，也可以通过走访寝室，收集学生的意见反馈信息。考核结果与物业管理人员的工资、奖金挂钩，从而有效提高学生公寓的物业专业化水平。另一方面，学校必须明确物业公司的工作职责——物业公司不仅承担着安全管理、卫生清洁、服务学生等一系列合同规定需要履行的职责内容，还应与学校共同肩负管理育人及服务育人的重大使命。这就要求物业人员不仅需要具备基本业务能力和一定的知识水平，还需要有爱心、有耐心、有责任心和良好的道德修养，为学生解决生活中的实际问题，使学生在公寓内感受到物业管理人员的尊重和关爱，通过创建和谐的学生公寓环境氛围，潜移默化地影响学生。

（五）充分发挥社团文化的载体作用

大学生社团是大学生的集聚之地，是大学生施展才华、释放个性的舞台，同时也是最容易接受思想教育的场所，是大学意识形态工作的重要阵地，因为大学生更加相信社团成员之间的信息传递，相较于课堂说教式的教育方式，通过寓教于乐的活动形式更能让思想政治教育内容深入人心。大学生社团的重要性不言而喻，因此高校必须利用好、掌握好、发展好，真正做到为我所用。做好大学校园文化建设工作，必须充分发挥社团文化的载体作用。

1. 大学生社团是主流意识形态传播的有效载体

主流意识形态的传播方式多种多样，既包括思政课、讲座，也包括标语引导、活动宣传等，任何一种方式都有其进步性和可取性，其中思政课是最重要的一种形式。当前，部分大学生认为思政课的教学方式比较死板、教学内容比较枯燥、马克思主义理论知识过于深奥，课堂教育在一定程度上脱离了实际，不能为生活学习工作提供较大帮助，进而产生逆反心理，甚至迷恋西方的"普世价值"，更有甚者，成为西方各类思潮的鼓吹者。大学生社团具有自愿性、广泛性、依赖性等特点和教育、宣传等功能，使其成为主流意识形态传播的重要载体。大学生可能会对思政课不够重视，但是对于社团活动却是兴趣盎然，将思政课内容与社团活动联系起来，与社团建设挂钩，这样就能在课堂之外找到一种更好的教育方式。

2. 大学生社团是思想政治教育体系的必要组织

思想政治教育是统治阶级对本国公民进行精神指导的非常重要的方法途径，而意识形态是精神指导的重要内容和深刻内涵。思想政治教育包含了意识形态性和非意识形态性，思想政治教育与意识形态在根本属性上是统一的。思想政治教育是加强意识形态建设的重要途径，但不是唯一途径，把意识形态建设等同于思想政治教育会过分夸大思想政治教育对于意识形态的作用，同时也弱化了意识形态建设的内涵。高校既要构建完整的思想政治教育体系，包括教书育人、创新实践育人、文化活动育人、管理育人等，同时也要注重发挥思想政治教育在意识形态宣传方面的重要作用，其中大学生社团是连接思想政治教育与意识形态工作的重要一环，也是思想政治教育体系中的重要组织。建设好大学生社团，充分发挥第二课堂的引领作用，也是创新思想政治教育方式方法，做好大学意识形态工作的重点内容。

3. 以学生社团为依托，推进大学校园文化建设

以高校党委统一领导下的大学生社团为依托，丰富校园文化活动，是加强大学校园文化建设的有效途径。大学生社团通过开展丰富多彩的文化活动，对大学生进行知识灌输、素质养成与价值引领，从而推动大学校园文化育人功能的实现。当前，大学生社团种类繁多，如思想政治类社团引导大学生加强自我理论教育，通过举办红色文化教育活动和先进理论学习研讨会，提升大学生的思想理论修养与政治文化素养；学术科技类社团将专业学习与文化活动相结合，开展专业知识竞赛、趣味实验展示等活动吸引全校学生的参与，使大学生在活动中感受学术与科技的魅力；创新创业类社团、文化体育类社团等将丰富的文化活动与时代主题相结合，寓教于乐，使大学生在活动中拓展兴趣爱好，提升文化涵养，锻炼实践能力。

二、"立德树人"视域下大学校园文化建设发展的机制

（一）建立建设机制

1. 加强校园文化建设发展的师资队伍建设

（1）发挥思政课教师的关键带头作用

高校思想政治教育者是大学校园文化建设发展的组织者、发起者和实施者。因此，为了落实新时代"立德树人"的根本任务，就必须加强对思政课教师的培养，发挥教师的关键带头作用。

①教师要有过硬的知识水平和良好的政治素质

一个人政治素质水平的高低取决于其是否具有坚定的理想信念、坚定的政治立场和政治方向。思政课教师在新时代大学生面临着多元化价值观念的冲击时，应该做到以坚定政治立场帮助大学生答疑、解惑和疏导教育。思政课教师还应该具有过硬的知识水平，即过硬的专业知识和思想政治修养，这能够极大地影响教师在大学生思想政治教育中的说服力和感召力。思政课教师需要具备扎实的马克思主义理论功底，具备思想政治教育专业知识、党史、文史等思想政治教育工作者必不可少的知识素质，还应当具有自己的研究方向。教师在教育教学的过程中要紧密结合教学内容和自身

研究方向，在理论和实践的问题上有自己的见解，做到以理服人。在大学校园文化建设中，思政课教师应当善于围绕大学校园文化精神这一主题，用丰富的事实和真理的力量来说服学生，授课语言要生动活泼，善于以情动人，用学生喜闻乐见的话语感染学生。例如，浙江理工大学马克思主义学院思政课改革的领头人渠长根教授，能够大胆地运用新理念新技术，使手机转化为教学工具，充分发挥学生的主体作用，实施课堂互动式教学，在无形中拉近了学生和课程的距离。在授课的过程中，教师还要善于将中华优秀传统文化、社会主义先进文化和校园中生动鲜活的事例有感情地呈现给学生，讲好中国故事。

思政课教师是否具有敏锐的洞察力、协调的组织能力和具有吸引力的语言表达能力是开展大学生思想政治教育取得良好效果的重要因素，而这些不是轻而易举就能练成的，需要教师平时在教育教学实践中一点一滴地积累。

②教师要有优良的作风和思想道德素质

思政课教师应当具有良好的思想道德素质，并以自己为示范，在无形中影响大学生，做到以德施教。中华优秀传统文化和社会主义先进文化所具有的坚定理想信念、巨大的人格魅力、浩然的革命正气以及崇高思想境界等优良作风和思想道德品质，大学精神所涵养的人文精神、科学精神、学术精神、社会关怀精神是思政课教师应当具备的最基本的思想道德素质和精神品格。这些优良的品质时时刻刻影响着大学生的身心发展。因此，教师应当以身作则，站稳立场，严格自律，严守学术道德和规范，积极传播正能量，针对大学生身心发展的规律和需要，贴合实际，实事求是，因材施教，将校园文化特有的精神内涵内化于心、外化于行，在学生的成长中起到良好的模范带头作用，担当起"立德树人"的光荣使命。

（2）加强辅导员队伍建设

大学辅导员是大学生思想政治教育的骨干力量，是大学生日常思想政治教育和管理的组织者、实施者和引导者。强有力的辅导员队伍在大学校园文化建设中的作用非常重要，必须加强辅导员队伍建设，加强职业能力教育，为积极深造提供便利，给开展学生工作提供保障。辅导员年龄通常与大学生接近，属于同龄人，对社会感知略同，便于亲近学生，沟通交流畅通。

辅导员在学生日常管理中能够经常性地开展思想政治教育活动，在校园文化活动中与大学生紧密接触，深入学生生活，是文化活动的组织者和参与者，能直接感受到活动开展的效果，能做到与学生换位思考，也就能获得许多信息，便于不断完善校园文化活动内容和组织形式。

（3）加强后勤队伍建设，形成全员育人的队伍保障

大学校园文化建设需要有全员育人的队伍保障，这是"三全育人"的根本要求。全员育人队伍除了辅导员和思政课教师外，还包括各学科专业教师、后勤保障队伍。

后勤服务队伍是高校实施"教书育人、管理育人、服务育人"中"服务育人"的主体力量。大学校园文化建设必然要融入到校园服务中，这是高等教育实施全员育人过程中对大学后勤队伍保障建设的必然要求，是大学校园文化建设的重要领域。一支专业的后勤服务队伍不但可以为广大师生提供贴心周到的服务，而且也关系到大学校园文化建设的持续发展。后勤服务队伍包括图书馆服务人员队伍、宿舍管理人员队伍和食堂服务人员队伍。

第一，图书馆服务人员队伍建设保障。图书馆作为广大师生学习的主要场所之一，本身就是很好的潜在育人阵地。图书馆服务人员要充分认识到大学校园文化建设对服务育人的重要性，增强责任意识、服务意识，不断探索新的服务模式和有效的工作方法，为大学校园文化建设做出贡献。

第二，宿舍管理人员队伍。宿舍是大学生课余时间最重要的学习、生活和休息的主要场所。高校既要给大学生建设好舒适、方便、的宿舍硬件环境，还要建设一支素质硬、服务好的宿舍管理队伍，营造良好的宿舍环境，在这样的校园文化精神教育过程中对大学生施加影响。

第三，食堂服务人员队伍。食堂是大学保证广大师生餐饮的必要场所，具有很强的育人功能。高校在推行后勤社会化改革的同时，还要注重实现食堂效益和育人的双重功能，经常加强食堂人员的思想教育，建立管理、监督、竞争、考核等机制，让食堂人员在保证饭菜质量的同时，还要做到热情服务、公平买卖，让广大师生真正体验到充满文化内涵的食堂育人文化。

2. 加强校园文化育人网络平台建设

《关于加强和改进高等学校校园文化建设的意见》中突出强调了新媒

体在校园文化发展中的重要地位。高校应该积极挖掘校园文化发展的途径，主动把握校园文化建设的主动权，打造校园文化发展新阵营，与时俱进，利用网络平台打造校园文化建设新局面。

（1）加强校园文化建设的网络化管理

第一，营造校园和谐网络文化环境，为大学校园文化建设扫清障碍。大学校园文化建设需要在一个正向、公开、健康的网络文化环境下开展，这就需要高校建立一个比较完善的网络管理制度。高校应在校园网络中加强社会主义主流文化及核心价值观的宣传，结合学生的生活、学习实际，积极开设符合学生特点的红色网站、公共服务志愿网站、优秀校友事迹专栏等，撰写积极向上的、富有正能量的文章，引导校园文化整体风尚，用社会主义核心价值体系占领网络阵地，使学生在潜移默化中得到熏陶与学习，为大学校园文化建设的顺利开展打下坚实的思想基础，营造目标一致的环境氛围。

第二，加强校园网络管理队伍的建设。随着微信、微博等社交媒体平台的广泛运用，学生越来越依赖这些媒体获取信息，校园文化活动的相关信息公布、收集等都不可能避开网络这个重要平台。加强对网络管理队伍的建设，对于大学校园文化建设能否顺利开展至关重要。网络管理队伍需要有专门的负责人员和技术人员，一方面，要加强网络管理人员的政治和理论培训，提高他们的思想觉悟、道德品质与理论水平，从而使网络文化建设水平有全面的提高，促进更加生动繁荣的校园文化活动；另一方面，应重视校园文化活动的网络宣传，因为校园文化是大学的"明信片"，通过这张"明信片"学生能够及时了解校园文化活动情况、接受文化活动的信息，能够传递出校园独特的魅力，因此必须要加强网络宣传，将文化活动的相关信息或者思想理念及时高效地传递给师生。

（2）开展形式多样的校园文化网络活动

高校应充分重视网络文化活动对大学生健康发展的重要性，积极掌握校园文化活动在网络建设中的主动权，大力构建具有社会主义大学鲜明旗帜的网络文化活动，借助"网络的魅力"，以崭新的信息和技术平台推动大学校园文化活动的创新。首先，充分挖掘校园优秀历史传统与优秀校友事迹，比如开展网络征文、主题文化摄影等活动，鼓励学生去探索校园历史传统，感知优秀校友精神，陶冶学生的情操与情怀，提升学生的审美和品德。其次，通过新科技手段开展校园文化活动，比如微直播、制作主题宣传片等。校园文化活动微直播是新媒体时代大学校园文化的新传播方式，是对以往大学校园文化活动传播的一种改造升级，促使高校从以往只重视文化活动本身，转变为文化活动与传播效果并重。有学者提出"微文化"的概念，认为校园文化建设工作必须加快运用微文化的进程，建立各类微平台载体，将虚拟环境作为大学校园文化建设发展的阵地，结合信息技术，以微博、图片、视频、动漫等形式来加强管理校园文化活动。[①]

（二）完善运行机制

运行机制是影响和制约大学校园文化建设与思想政治教育良性互动的内在运行原理和运行方式。在校园文化建设与思想政治教育的互动实践中，要不断认识影响和制约二者互动的各种因素，掌握互动的运行原理和运行方式，进而通过形式多样、内容丰富的载体推动校园文化建设与思想政治教育之间实现良性互动。

1. 校园文化建设参与思想政治教育的机制

大学校园文化活动呈现出类型多样化、内容丰富化的特点，它既可以包含符合主流价值观念的文化内容，也会不自觉地夹杂着主流价值观念之外的文化内容，因此，健康的校园文化活动需要健康的指导思想引领方能发挥积极作用。在具体的实践中，校园文化活动所产生的是一种潜移默化的育人氛围，一方面，我们要在大学校园文化活动中引入思想政治教育内容，如教育工作者在设计文化活动时，有意识地将红色文化联系起来，营造良性的育人氛围；另一方面，思想政治教育也要摈弃其单一、枯燥的方式，要善于利用校园文化活动多样性、可参与性等特点，增加思想政治教育的趣味性。建立校园文化建设参与思想政治教育相结合的机制，使校园文化得到正确的思想引导，使思想政治教育教育更加有效，最终形成良好的教育氛围。

① 华学成. 微文化：大学校园文化活动思想引领的新维度 [J]. 黑龙江高教研究，2015（07）：41-43.

2. 思想政治教育参与校园文化建设的机制

在具体实践活动中，部分高校存在着思想政治教育内容单调乏味、与大学生的兴趣脱节的现象，因而思想政治教育工作常常不被学生接受。这种现象与思想政治教育工作脱离学生的文化生活有莫大的关系，归根究底，则是其与大学校园文化建设相脱节的原因。大学校园文化建设不仅仅是校园文化活动的开展，还有学校对整个校园文化建设的规划，如果在思想政治教育工作中不了解校园文化整体建设的方向、形式，就容易导致思想政治教育工作缺乏生动性和趣味性。因此，建立思想政治教育工作参与大学校园文化建设的机制，从而使其参与到学校校园文化建设的整体规划、活动实施与效果反馈中，才是实现二者良性互动的最佳方式。

3. 大学校园文化建设与思想政治教育的统一协调机制

掌握大学文化建设与思想政治教育工作二者的规律性互动原则，就是要将思想政治教育工作与校园文化建设统一协调起来，从而实现"思想政治教育视野下的大学校园文化"与"大学校园文化背景下的思想政治教育"。大学校园文化是通过校园物质文化、精神文化和制度文化等内容来提升学生的思想素养和道德情操，而思想政治教育则是以一定的思想政治观念影响、促进学生形成符合社会主流意识形态的价值观。二者在目的性上高度统一，建立二者的统一协调机制，则可通过二者的合力，将校园文化建设的内涵和形式与思想政治教育的内容和要求相统一、协调，实现教育功能的最大化。

（三）严格管理机制

新时代大学校园文化建设在发展途径上的探索必然是继承与创新的结合。大学校园文化建设除了遵守校园整体规章制度以外，还需要有单独与之相应的明细准则来进行管理，从而形成一套完整的校园文化建设章程，为大学校园文化建设顺利有序的开展提供完善的体制机制。

1. 加大资源的投入力度

第一，加大对大学校园文化建设物质资源的投入力度。大学校园文化建设离不开大学校园文化活动，校园文化活动需要一定的活动场所、设施和人力投入，因此高校需要重视文化活动建设，从人力、物力和财力几个方面加大对文化活动的支持，给文化活动提供一个相对宽松的环境，使文化活动能以常规化、延续性和有效性的开展。

第二，要整合所有资源，形成齐抓共管的局面。大学校园文化建设的开展是学校进行人才培养的重要途径之一，是校园内部的系统工程，需要党、政、工、团、学等部门共同建设，因此，需要注意资源的整合并形成合力，最大限度地挖掘和发挥各方优势，保证大学校园文化建设的健康发展。

2. 完善现代大学管理体制，注重以人为本

随着我国高等教育的不断发展，大学管理制度愈加完善，在教育发展中，更加注重学生的中心地位。众所周知，学校的一切教学与管理都是围绕学生的发展而开展，大学校园文化活动也是如此。虽然在不同的文化活动中，学生起着不同的作用或者担任不同的角色——或是活动的组织者或是活动的受众者，但是活动目标最后都会落到学生这一群体，如果离开了学生，那么文化活动的教育意义也就无从谈起。同时，文化活动的顺利开展以及实效性都离不开学生的积极性与主动性，只有学生积极参与文化活动，那么文化活动才能有的放矢，使学生在活动中受到熏陶与感染，接受正向的外部文化刺激，最后内化于心、外化于行。

（1）大学校园文化活动要坚持以人为本

学生就是大学，其实质就是教育要坚持以人为本，以学生为中心。[①]经济学中的供求关系告诉我们，有需求才有供应，而不同的供应取决于不同的需求。对于校园文化活动，大学生必然有自身的需求，因此大学校园文化活动需要全方位地了解学生的发展需求与成长问题，围绕大学生身心发展规律，结合大学生的心理、生理和社会特征，有针对性地、普遍性地设计文化活动主题，及时满足学生发展需求，解惑答疑，同时也要通过校园文化活动纠正学生群体中的不良风气，培养学生的高雅情操。

（2）要坚持服务育人，完善学生参与制度

坚持服务育人就是坚持学生在文化活动中的主导地位，教师应放手让学生自我组织，反对教师事事干涉、时时干涉，更反对领导或教师强制性的要求或干涉，从而为学生的自由发挥提供更宽松的外部环境。校园文化

---

① 陈宏徽. 耶鲁大学 [M]. 长沙：湖南教育出版社，1996：87.

活动作为一种实践活动，是学生进行自我展示的最好舞台。通过参与活动，学生可以将课堂上学到的知识运用其中，同时也能反映出学生对于现实生活的价值观念及生活态度，还有利于提高学生解决实际问题的能力，培养学生的个性与创新，营造和谐的人际环境。

（3）把握设计、实施、评价各个环节，完善活动激励机制

首先，领导者作为大学校园文化活动建设最顶层的规划者、组织者和指挥者，要从全局的角度把握校园文化活动的大方向，使校园文化活动整体顺应时代主题与文化主流，同时还要彰显校园特色。其次，要充分发挥党委、团委以及学生组织在校园文化建设中的重要作用，这就要求学校高层要具备较高的政治素养，加强领导集体的文化素质和思想道德素质，不断提升业务能力和决策力。最后，校领导应与教师共同深入研究学校的发展历程，综合校园各方面情况，找到一条适合学校发展的道路，为校园文化活动的主题提供素材，设计出更多的高价值、高品位的精品文化活动主题，推动大学校园文化建设的有效开展和持续发展。

（四）组织保障

大学校园文化建设的组织保障分为宏观组织保障和微观组织保障。

1.宏观组织保障

宏观组织保障就是在校党委领导下组建负责校园文化建设的组织机构，采取相关保障措施，从宏观上把握大学校园文化建设的方向，整体推动大学校园文化建设的进程。如成立大学"校园文化建设委员会"，负责落实校园文化建设内容与途径措施，统筹校园文化资源，让中华优秀传统文化教育、大学精神教育、时代精神教育、社会主义核心价值观教育等主流文化融入高校的精神文化、制度文化、行为文化、物质与环境文化之中。

2.微观组织保障

微观组织保障是指高校各党团组织、宿舍管理部门对校园文化活动开展的具体指导。党支部是党组织的最基层单元，抓好党支部的建设是做好大学校园文化建设的微观组织保障之一。例如，学生党支部要经常开展学生党员的理论教育、学习活动，明确学生党员在思想、学习、生活、工作等方面践行校园文化建设的具体要求，充分发挥好学生党员的模范带头作

用；积极开展喜闻乐见的文体娱乐、科技创新、志愿服务、社会实践等活动，让学生党员率先成为校园文化精神的宣扬者、实践者，然后带动其他学生共同弘扬校园文化精神。

（五）考核保障

考核是上级部门检查下级单位在完成有关工作任务情况时建立的一些工作标准和价值标准用以进行价值判断和评价的过程。实现大学校园文化建设目标需要主管部门制定考核制度，加强对项目完成度的考核与指导。

1.考核目的

主管部门可以根据有关要求建立一套合理的考核标准，对大学校园文化建设进行考核，考核标准、考核过程及考核结果呈现均要符合科学性和可操作性，通过考核对大学校园文化建设工作进行客观评价和宏观指导。考核评价与宏观指导成为大学校园文化建设工作的行动导向，促使高校重视大学校园文化建设工作，自觉地将校园文化建设工作贯彻在学校的日常工作和教育教学全过程，不断加强大学校园文化建设工作的力度，提高大学校园文化建设工作的质量。

2.考核内容和要求

第一，校园文化建设保障制度情况；第二，师生和校友满意程度；第三，校园文化活动载体与成果；第四，配套设施完善情况；第五，学校形象。

目前，大学校园文化建设发展迈出的步伐虽然不大，但是我国有西方发达国家所没有的数千年优秀传统文化的积淀，有广纳百川、吸收外来文化的胸怀，有社会主义办学的优越性，在建立政府、大学、社会之间的现代关系，处理政府意志与独立法人、公益性质与学术自由等许多方面拥有巨大的发展空间，只要我们坚持创新发展的思想观念，坚持"立德树人"视域下大学校园文化建设发展的方向，探索切实可行的实践路径，充分发挥载体与机制的作用，我国大学校园文化建设就一定会大有作为。

参 考 文 献

[1] 唐先田. 不灭的民族之魂[J]. 安徽大学学报（哲学社会科学版），1981（04）.

[2] 叶澜. 教育概论[M]. 北京：人民教育出版社，1991.

[3] 肖前. 历史唯物主义原理（修定本）[M]. 北京：人民出版社，1991.

[4] [美]塞缪尔·亨廷顿. 现代化理论与历史经验的再探讨[M]. 上海：上海译文出版社，1993.

[5] 陈宏徽. 耶鲁大学[M]. 长沙：湖南教育出版社，1996.

[6] 张永新. 简论严复"鼓民力、开民智、新民德"的教育观[J]. 教育评论，1997（01）.

[7] 骆郁廷. 精神动力论[M]. 武汉：武汉大学出版社，2003.

[8] 金耀基. 大学之理念[M]. 台北：台北时报出版社有限公司，2003.

[9] 江畅. 论伦理学的问题论转向[J]. 哲学研究，2004（01）.

[10] 郭凤志. 德育文化论[M]. 长春：吉林人民出版社，2005.

[11] 丁元竹. 建设健康和谐社会[M]. 北京：中国经济出版社，2005.

[12] 郑永延. 中国精神生活发展与规律研究[M]. 广州：中山大学出版社，2006.

[13] 张耀灿，郑永廷，等. 现代思想政治教育学[M]. 北京：人民出版社，2006.

[14] 孙庆珠，主编. 大学校园文化概述[M]. 济南：山东大学出版社，2008.

[15] 刘新庚. 现代思想政治教育方法论[M]. 北京：人民出版社，2008.

[16] 孟繁华. 众神狂欢——当代中国的文化冲突[M]. 北京：中国人民大学出版社，2009.

[17] 郑永廷. 思想政治教育方法论[M]. 北京：高等教育出版社，2010.

[18] 骆郁廷，主编. 当代大学生思想政治教育[M]. 北京：中国人民大学出版社2010.

[19] 黄德亮. 山东省大学学生公寓管理模式的研究[D]. 济南：山东师范大学，2010.

[20] 孔毅. 智德·智能·才性四本——汉魏之际从重智德到尚智能的演变及影响[J]. 重庆师范大学学报（哲学社会科学版），2010（04）.

[21] 柳礼泉，唐珍名. 大学德育视野下的校史校情教育[J]. 大学理论战线，2011（03）.

[22] 吴潜涛. 正确理解理想信念的科学含义[J]. 教学与研究. 2011（04）.

[23] 张志刚. 陶行知生活教育理论对基础教育改革的启示[J]. 文理导航，2011（12）.

[24] 刘刚，等. 多维大学校园文化研究[M]. 北京：中国书籍出版社，2012.

[25] 贾志红. 马克思总体生产思想研究[M]. 北京：人民出版社，2012.

[26] [英]培根. 培根随笔录[M]. 龙小云，译. 上海：立信会计出版社，2012.

[27] 李玉胜. 为了教育的自由——蔡元培教育理念和实践透析[J]. 开封大学学报，2012（04）.

[28] 张澍军，王占仁. 校园文化建设的基本原理与实践操作系统研究[M]. 长春：吉林人民出版社，2013.

[29] 韩喜平，徐景一. 大学党建与校园文化建设[J]. 思想教育研究，2013（10）.

[30] 李琼. 大学校园文化的特征与功能[J]. 鄂州大学学报，2013（11）.

[31] 侯蓝烟. 梁启超群治文学观研究[D]. 太原：山西大学，2015.

[32] 张爱芳. 美国大学校园文化研究[M]. 杭州：浙江大学出版社，2015.

[33] 靳玉军，周琪，主编. 思想政治教育学原理[M]. 重庆：西南师范大学出版社，2015.

[34] 华学成. 微文化：大学校园文化活动思想引领的新维度[J]. 黑龙江高教研究，2015（07）.

[35] 管霞. 陶行知美育思想研究[D]. 重庆：西南大学，2016.

[36] 邓丽芝. 智慧档案馆建设路径分析[J]. 兰台世界，2016（22）.

[37] 包华军. 少数民族优秀传统文化融入民族地区大学生思想政治教育研

究[D]. 武汉：中国地质大学，2017.

[38] 罗映光. 重视根本问题围绕中心环节 坚持全员全程全方位育人[J]. 思想理论教育导刊，2017（01）.

[39] 靳诺. 大学思想政治工作根本任务的科学概括[J]. 思想理论教育导刊，2017（01）.

[40] 徐洪兴. 唐宋之际儒学转型研究[M]. 上海：上海人民出版社，2018.

[41] 单虹泽. 以友辅仁：论儒家的友伦与政治传统[J]. 理论与现代化，2018（06）.

[42] 秦书生，李毅. 习近平大学立德树人思想的逻辑阐释[J]. 现代教育管理，2018（08）.

[43] 石芬芳. 高职院校品牌文化的增值机理与提升策略[J]. 职教通讯，2018（15）.

[44] 赵爱玲. 坚定和增强文化自信：我们凭什么（上）[J]. 学校党建与思想政治教育，2019（01）.

[45] 何骏. 论地方大学校史校情立体化教学模式的构建[J]. 大学教育，2019（03）.

[46] 罗成翼. 论新时代高等教育的根本任务——学习习近平关于立德树人重要论述的思考[J]. 习近平新时代中国特色社会主义思想研究，2020（01）.

[47] 罗祥相. 论老子"自然"思想的逻辑展开[J]. 哲学研究，2020（02）.

[48] 闾小波. 何以安民：现代国家"根本性议程"的赓续与创制——以王韬、李大钊和毛泽东为中心的讨论[J]. 文史哲，2020（02）.

[49] 叶树勋. 老子"物"论探究——结合简帛《老子》的相关信息[J]. 中国哲学史，2021（01）.